大学4

行動経済学が

10時間で

ざっと学べる

東京大学大学院
経済学研究科教授　阿部 誠

JN037433

はじめに

「行動経済学」という言葉は、近年、テレビのCMなども含めて一般的の人の耳にもよく聞かれるようになりました。この学問領域自体は、今から50年以上前の1970年代後半に、2人の心理学者**エイモス・トベルスキー**と**ダニエル・カーネマン**によって確立されたものです。

従来の経済学では理論構築の前提として、人は、「超合理的にふるまう」、「超自制的にふるまう」、「超利己的にふるまう」、という「ホモエコノミカス＝経済人」を仮定しています。しかしながら、実際の人間は必ずしも超合理的ではなく、**ほどよく合理的で、ほどよく自制的で、ほどよく利己的な存在**です。従来の経済学で見落とされていた生身の人間行動を心理学で解き明かし、伝統的な経済理論を拡張することによって新たな知見を見出そうというのが「**行動経済学**」です。

私はアメリカ・イリノイ大学のビジネススクールで6年間、東京大学で25年間、学部と大学院でマーケティングの教壇に立ってきました。この本は、東京大学経済学部の講義「**行動意思決定論と行動経済学**」に基づいたものです。私自身が今まで学部、修士、博士の学生たちから学んだ多くのことが反映されています。

東京大学経済学部には、経営学科に所属する私の授業以外で「行動経済学」と名のつく講義は存在しません。行動経済学の概念は、経済学の各分野（公共、産業組織、開発経済、労働、健康・医療、教育など）の中に組み込まれ、独自に展開されています。つまり、**伝統的な経済学の中にもそれほど浸透しているという証**でもあります。したがって、行動経済学の基本を学ぶことは、理論、実証に関わらず、経済学を勉強する全ての人に役立つはずです。

本書は4部で構成されています。

第1部では、行動経済学の基本的な考え方を説明するとともに、超合理的、超自制的、超利己的なホモエコノミカスが、現実の人の行動とどのように違うのかを、様々な例を用いて紹介します。

残りの3部は、学問としての行動経済学の潮流である（**1）現象の描写**、（**2）メカニズムの説明と理論**、（**3）実社会への適用**、にそれぞれ対応しています。

人はほどよく合理的で、ほどよく自制的で、ほどよく利己的に行動しますが、そのパターンにはある程度の一貫性があります。第2部「**現象の描写**」では、これらがどのような状況で発生して、どのような規則性を持つかを、心理学の理論を織り込みながら、人間行動の観察や実験に基づいて整理します。これらは、「**ヒューリスティック（heuristics）とバイアス（biases）**」と呼ばれており、特に初期の行動経済学で顕著でした。

現象の描写を一歩進めて、なぜそのような「ヒューリスティックとバイアス」が発生するのかを系統立てて考察するのが、第3部「**メカニズムの説明と理論**」です。これには理論構築や、伝統的な経済理論を拡張・発展させて予測（このように行動するだろう）や規範（このように行動すべき）のために用いる行動モデルの構築が含まれます。この章では、ほどほど合理的（プロスペクト理論、心理会計、取引効用理論）、ほどほど自制的（割引解釈レベルモデル）、ほどほど利己的（社会的選好）な理論・モデルを紹介します。

第4部「**実社会への適用**」では、検証された行動経済学的な要因を既存の分析と比較した時、描写、説明、予測においてどう優れているのか、そしてどのような経済的なメリットをもたらすかを、政策、企業戦略、個人への具体的な提案も含めて説明します。適用分野とし

て、**公共政策（ナッジ）**、**マーケティング**、**金融（行動ファイナンス）**、**経営・自己実現**を紹介します。

　本書にはレベルの高い節も意図的に含めましたが、スペースの都合で私の説明が不十分な箇所もあります。できるだけ内容の概要をつかむ努力をして読み進めれば、学部レベルの行動経済学を（10時間で？）『ざっと』学べるでしょう。

東京大学経済学部
阿部 誠

CONTENTS

第 2 部
人の行動の癖を見極める：非合理的行動の描写

5 ヒューリスティックとバイアス

6 利用可能性ヒューリスティック

7 代表性ヒューリスティック

第 3 部

非合理的な人の行動の理由を知る：非合理的行動のメカニズム

11 情報処理のメカニズム

12 プロスペクト理論

第 4 部
行動経済学の応用

装丁　二ノ宮匡（ニクスインク）
図版作成・DTP　次葉

第 1 部

行動経済学とは？

第1部で知っておきたい用語

ホモエコノミカス：伝統的な経済学で仮定される、超合理的、超自制的、超利己的にふるまう経済人。

ベイズ学習：事前情報をデータで更新することによって事後情報を導出するベイズ統計学に基づいた情報更新の方法。頻度理論に基づいた統計では、データのみを使い、事前情報は用いない。

ナッシュ均衡：非協力ゲームにおいて、他のプレイヤーとの関係性のなかで自らの利得をもっとも大きくしようとする場合に実現する状態。この状態では、自分だけが戦略を変えると損をするため、どのプレイヤーもそこから逸脱するインセンティブがないので「均衡」と呼ばれる。

期待効用理論：不確実性下において、ある選択肢に対する選好が、その効用の期待値（期待効用）で評価されるとする意思決定理論。

選好の逆転：どの選択肢を選択するかが、意思決定を行う状況や文脈によって変化してしまう現象。

割引：人は、将来もらえるお金の価値を、その表面上の金額よりも小さく感じる、つまり割り引いて評価する。将来の価値を現在の価値に直すための割引の度合いを割引率と呼ぶ。

社会的選好：人は自分の利益だけでなく、他人の利益や言動も考慮するという考え方。

互恵性：何かしらの施しを受けた際に、お返しをしたいという感情を抱く傾向。「負の互恵性」とは、自身の利益を犠牲にしてでも相手に損失を生み出させる（罰する）こと。

▶ 01　行動経済学＝経済学＋心理学

価格を下げたら 売れなくなる理由

　行動経済学は、**従来の経済学に心理学の要素を加えた**、経済学の新しい領域です。自身の利益を最大化するような合理的な人間の経済行動を反映すれば、モノやサービスの価格が上がるとその需要が下がるというのは当然であるという仮定の基に、従来の経済学では理論構築やモデル設定が進められてきました。経済学の言葉では、このことを**「右下がりの需要曲線」**と呼びます。

　しかし実際のビジネス、特に贅沢品やブランド品では、「右下がりの需要曲線」は必ずしも当てはまりません。アメリカの高級オーディオ機器メーカー BOSE が、日本市場においてスピーカーの価格を下げたところ、逆に需要が下がってしまいました。なぜでしょう。

　心理学の研究から、**「価格」**は消費者にとって3つの意味を持つことが分かっています。1つ目は**「経済的な痛み」**、2つ目は**「プレステージ」**、そして3つ目は**「品質のバロメーター」**です。そのため、「経済的な痛み」より「プレステージ」や「品質のバロメーター」の意味合いが強い商品やサービスでは、価格が下がると需要が落ちてしまうことがあるのです。

　つまり、現実の経済現象を理解、説明、予測するためには、人間の行動に影響を与える心理的な要因を考慮することが不可欠なのです。従来の経済学で見落とされていた**リアルな人間行動**を心理学で解き明かし、経済学に組み込んで社会活動などに応用しようというのが**「行動経済学」**なのです。

30 秒でわかる! ポイント

右下がりの需要曲線:
モノやサービスの価格が上がると通常は需要が下がる

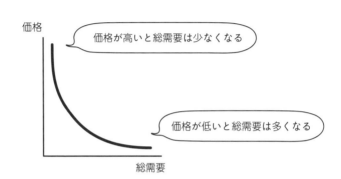

価格

価格が高いと総需要は少なくなる

価格が低いと総需要は多くなる

総需要

消費者にとっての価格の3つの意味

① 経済的な痛み

② プレステージ

③ 品質のバロメーター

⟶ ①<②、①<③なら、高くても需要が高まる場合がある

▶ 02　行動経済学の考え方

経済学で説明できない人間の行動を解明せよ

　従来の経済学では、理論構築の前提として人間を「**ホモエコノミカス＝経済人**」と呼び、人は、「**超合理的にふるまう**」、「**超自制的にふるまう**」、「**超利己的にふるまう**」存在であると仮定しました。

　たとえば買い物をする時、皆さんは商品の機能や価格など無数の要素を吟味するわけですが、従来の経済学で想定されてきた「人間」は、市場に出回っている全ての商品を完全に比べつくして一番良い商品しか買いません。ましてや衝動買いなど、ありえません。常に合理的な選択しかしないのです。

「20年後も健康で美しい体でいたい」という目標があっても、目の前にケーキがあると、つい手を伸ばしてしまいがちです。多くの人は目先のことになると評価や選好が変わってしまい、非自制的な行動をとってしまいます。このように「つい誘惑に負けてしまう」ことを学術的には「**時間軸における選好の逆転**」と表現します。「**選好の逆転**」は時間軸以外にも様々な状況で起きます。評価や選好は、環境、他者、文脈のような外的要因と、意思決定者の状態、動機のような内的要因の両面に影響されるからです。

　実際の人間は必ずしも超合理的ではなく、**ほどよく合理的で、ほどよく自制的で、ほどよく利己的**な存在です。従来の経済学で見落とされていた生身の人間行動を心理学で解き明かし、伝統的な経済理論を拡張することによって新たな知見を見出そうというのが「行動経済学」なのです。

30秒でわかる! ポイント

行動経済学を自然科学のアナロジーで説明すると……

理論上は

発泡スチロールの球　　鉄球

同じ大きさの鉄球と
発泡スチロールの球を
2階から落とす

同時に着地 (ニュートンの法則 F=ma による)

→ 従来の経済学
人間を「超合理的」「超自制的」「超利己的」にふるまうと仮定
シンプルでエレガントな理論で経済現象を説明

実際は

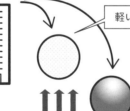

軽いので空気抵抗の影響が大きい

重いので空気抵抗の影響
が小さい

空気抵抗

空気抵抗があるので鉄球の方が先に落ちる

→ 行動経済学
人間のふるまいにも「空気抵抗」的なものがあると考え
その影響を加味して分析

▶ 03　行動経済学の潮流1

「ヒューリスティック
とバイアス」
とは？

　学術領域としての行動経済学は、1970年代後半に2人の心理学者、**エイモス・トベルスキー**と**ダニエル・カーネマン**によって確立されたと考えられています。その貢献から、カーネマンは2002年にノーベル経済学賞を受賞しました。残念ながらトベルスキーは1996年に他界しましたが、生きていれば受賞したでしょう。

　学問としての行動経済学は、以下の3つの流れに分類できます。

1. **現象の描写**
2. **メカニズムの説明と理論**
3. **実社会への適用**

1. **現象の描写**（本書の第2部）

　人はほどよく合理的で、ほどよく自制的で、ほどよく利己的に行動しますが、そのパターンにはある程度の一貫性があります。これらがどのような状況で発生して、どのような規則性を持つかを、心理学の理論を織り込みながら、人間行動の観察や実験に基づいて整理する研究になります。これらは、「**ヒューリスティックとバイアス**」と呼ばれており、特に初期の行動経済学で顕著でした。

　「ヒューリスティック」とは、もともとコンピュータ・アルゴリズムにおいて、解を求める際の「計算資源を節約して近似解を探す簡便法」を指します。行動経済学では、それを人間の頭の中の情報処理に類推して、どのような**非合理性**、**非自制性**、**非利己性**がどんな状況で発生するのかを精査します。その結果の近似解（意思決定や行動）が**ホモエコノミクスのものとどう乖離しているか**を分析するのが「バイアス」です。

ホモエコノミカス vs. 現実のヒト

ホモエコノミカス

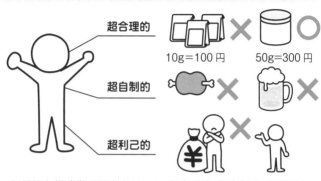

超合理的

10g＝100円　50g＝300円

超自制的

超利己的

伝統的な経済学が想定するヒト：超合理的、超自制的、超利己的

現実のヒト

ほどよく合理的

今日は

ほどよく自制的

ほどよく利己的

現実のヒト：ホモエコノミカスに比べ、適度にいい加減
いい加減さに注目したのが行動経済学

▶ 04　行動経済学の潮流 2

経済モデルを精緻化し使える戦略にする

2．メカニズムの説明と理論（本書の第3部）

現象の描写を一歩進めて、なぜそのような「ヒューリスティックとバイアス」が発生するのか、を系統立てて考察することがここでの研究目的になります。これには理論構築や、伝統的な経済理論を拡張・発展させて予測（このように行動するだろう）や規範（このように行動すべき）のために用いる行動モデルの構築が含まれます。

たとえば、カーネマンとトベルスキーが提唱した**プロスペクト理論**、2017年にノーベル経済学賞を受賞したリチャード・セイラーの**取引効用理論**などが該当します。また経済モデル精緻化のため、行動経済学者のみならず、多くの伝統的な経済学者も研究を進めている領域です。

3．実社会への適用（本書の第4部）

1と2で得られた知見を経済学の各分野に応用する研究では、検証された行動経済学的な要因を既存の分析と比較して、どのような**経済的（厚生的）なメリット**をもたらすか、政策や企業戦略への具体的な提案も含めたものになっています。

たとえば、行動経済学者セイラーと法学者キャス・サンスティーンが2008年に提唱した**ナッジ**。「肘を突っつく」という意味で、ヒューリスティックを用いてもバイアスが起きないような行動変容を促す仕組みです。ナッジには以下4つの特徴があります。

（a）**義務・強制ではなく自身の意思で自由に行動できる**
（b）**本人（あるいは属する社会・集団）のためである**
（c）**経済的インセンティブ（報酬や罰金）は最小限**
（d）**仕組みは簡単で安価**

30秒でわかる! ポイント

行動経済学の研究領域

```
            現象の描写
               ↑
        行動経済学の研究領域
          ↙          ↘
メカニズムの説明と理論      実社会への適用
```

1. 現象の描写 (第2部)

(第5章) ヒューリスティックとバイアス
(第6章) 利用可能性ヒューリスティック
(第7章) 代表性ヒューリスティック
(第8章) 固着性ヒューリスティック
(第9章) その他のバイアス
(第10章) その他のヒューリスティック

2. メカニズムの説明と理論 (第3部)

(第11章) 情報処理のメカニズム
(第12章) 不確実状況下での意志決定:プロスペクト理論
(第13章) 金銭に関する態度メカニズム:心理会計
(第14章) 取引に関する態度メカニズム:取引効用理論
(第15章) 非自制的な行動:選好の逆転
(第16章) 社会的選好

3. 実社会への適用 (第4部)

(第17章) ナッジ
(第18章) マーケティング
(第19章) 金融
(第20章) 経営・自己実現

▶ 05　行動経済学の関連分野

経済のみならず
マネジメントや
自己啓発にも応用

　もともと伝統的な経済学では、ホモエコノミカスの仮定から様々な理論を構築したり推論したりするアプローチ、つまり前提や既知の理論から論理を積み重ねて結論を出す**演繹法（セオリー・ドリブン）**という科学的手法が用いられてきました。一方、行動経済学のアプローチは、観測された事象やデータを積み上げて共通点を見つけ出し結論を導き出す**帰納法（データ・ドリブン）**として特徴づけられます。

　ただ最近の傾向として、より効果的に事象の分析や検証を行うために、伝統的な経済学に行動経済学の知見を組み込んだり、研究の一部はセオリー・ドリブン、残りはデータ・ドリブンのように、双方のアプローチを併用したりすることも多く、その境界は見えにくくなっています。そのため行動経済学を応用した経済分野としては、公共経済、産業組織論、開発経済、労働経済、健康・医療経済、教育経済などがあり、特に金融の分野では「**行動ファイナンス**」と独立した名称で呼ばれることもあります。一方、経済以外の分野では、マーケティング、モチベーションやリーダーシップに関するマネジメント、自己啓発など多岐にわたっています。

　またデータ・ドリブンな行動経済学ですが、その理論体系や手法が行動科学、神経科学、行動意思決定論、消費者心理・行動学などに基づいていることもあります。たとえば、脳内活動部位をfMRI（機能的磁気共鳴画像）で特定したり、**視線をアイカメラで追跡**したり、脳波、皮膚電気活動、呼吸、心拍などを測定したりすることによって経済行動のメカニズムを捉えようとする研究は「**神経経済学**」や「**ニューロ・マーケティング**」と呼ばれています。

30秒でわかる！ ポイント

実験経済学とは？

　実験経済学は、文字通り、経済学的な問題に対して実験的な手法を用いる分野です。

　実験は、仮想的に作り出した環境(実際のフィールドか実験室)の下で、個人あるいは集団の行動を対象に行われることが多く、観察、アンケート調査、シミュレーションなどの方法を用います。

　データを分析するという点では、行動経済学同様、帰納法アプローチをとります。研究の主題は、実験環境の下で現実を反映した適切なデータを生成・収集する手法になります。被験者の意思決定や行動の基となるインセンティブが、現実のものと類似するような実験デザインを設計することが重要になります。

　行動経済学は人の心理に基づいた経済問題の分析という課題で定義される一方、実験経済学は実験という手法で定義されるため、両学問分野は補完的な立場にあります。

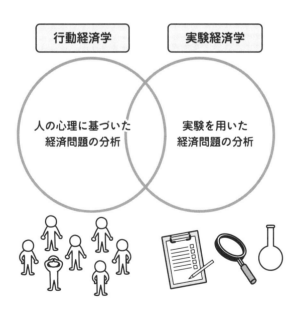

▶ 06　マーケティングとの関係

企業と消費者、双方の武器になる学門

　世界でもっとも有名なマーケティング学者であろう**フィリップ・コトラー**は、以下のように語っています。

「実は行動経済学は『**マーケティング**』の別称にすぎない。過去100年にわたりマーケティングは経済学とその実践に基づく新たな知識を生み出し、経済システムが機能する仕組みに関することに役立ててきた」

　つまり、経験に基づいて実務家がビジネスで実践してきたことを、系統立てて学術的に紐解いたものがマーケティングなのです。たとえばテレビ・ショッピング、おまけやお得情報、数量限定、時間限定などが次から次へとオファーされ、つい買いたくなってしまいませんか。商品・サービスの魅力を高めるよう、ここでは様々な要因が働いているのですが、そのメカニズムの多くは行動経済学の理論で説明できるのです。

　購買の5〜9割は事前に予定されていなかった**非計画購買**であるといわれています。企業は消費者行動の原理に基づいて、魅力的なマーケティング活動を展開することで、消費者を誘惑します。マーケターは**行動経済学の原理・原則を知る**ことによって、習得に時間のかかる勘や経験に頼らなくても、ビジネスを効果的に進めることが可能になるのです。

　一方、消費者は時として**無駄な衝動買い**をしてしまうケースも少なくないでしょう。一消費者として行動経済学を学ぶことで、自分たちがどのような行動原理に基づいて消費活動を行っているのか、それを消費者自身が知ることで、マーケターの巧みな誘導に乗ることなく、不本意な消費を避けることができるようになるのです。

30秒でわかる！ポイント

行動経済学は「マーケティング」の別称にすぎない

経験に基づいてビジネスで実践されたことを系統立てた法則
＝ マーケティング

▶ 07　**ホモエコノミカス**

人は、超合理的でも 超自制的でも 超利己的でもない

　伝統的な経済学は、「ホモエコノミカス」に基づいて理論を展開する演繹法というアプローチをとっていました。そこでの仮定は、人間は**超合理的**に、**超自制的**に、**超利己的**にふるまう、という3つですが、実際の経済現象には、これらに適応しない場面が多々見られます。

　本当に超合理的にふるまうのでしょうか？　たとえば何かモノを買う時、ベストな選択をしたいといっても、全てのモノを比較検証して買うことはできません。状況に応じた意思決定をしています。つまり**限定的に合理的**なのです。

　本当に超自制的にふるまうのでしょうか？　将来得られる大きな利得と目先の小さな利得を比べた時、客観的な判断ができずに目先のことに誘惑されてしまうことはよくあります。人は時間的に近いものを過大に評価する傾向があります。**超自制的ではない**のです。

　本当に超利己的にふるまうのでしょうか？　人間は自分のことだけ考えて、自分の利益だけが最大化するように行動するのかといえば違います。他の人のことも考えるし、寄付もするし、ボランティアもする、環境に配慮することもある。自分が多少の犠牲を払ってでも他者の利益を考えます。**超利己的ではない**のです。

　この3つの伝統的な経済学の仮定を緩める形で進めてきたのが、行動経済学なのです。経営行動と意思決定に関する研究から1978年にノーベル経済学賞を受賞した**ハーバート・サイモン**は、人間は認識能力の限界から限られた合理性しか持ちえないとする「**限定合理性**」という概念を1947年の論文で提唱しました。これは行動経済学が確立される30年も早く、サイモンには先見の明がありました。

30 秒でわかる! ポイント

行動経済学に貢献した著名な学者たち

ハーバート・サイモン

大組織の経営行動と意思決定に関する生涯にわたる研究で1978年にノーベル経済学賞を受賞。

エイモス・トベルスキー

イスラエル出身の心理学者。プロスペクト理論など多くの重要な研究をカーネマンと共同で行った。1996年死去。

ダニエル・カーネマン

心理学者。1979年発表のプロスペクト理論など行動経済学の基礎を確立。2002年にノーベル経済学賞を受賞。

ロバート・シラー

専門は金融経済学、行動経済学。著書『根拠なき熱狂』で知られる。2013年にノーベル経済学賞を受賞。ITバブルの崩壊やサブプライム危機へ警鐘を鳴らしたことで知られる。

リチャード・セイラー

経済学者で、行動経済学に関する理論的な研究以外に「ナッジ」を最初に提唱した。2017年にノーベル経済学賞を受賞。

フィリップ・コトラー

「マーケティングの巨匠」と呼ばれるが、もともとは経済学者。ベストセラー『マーケティング・マネジメント』は、多くのビジネススクールで使われている。

10 hour
Behavioral
Economics
2

あなたは
超合理的には
ふるまわない

▶ 01　一人の消費者としての購買行動

超合理的ではなく「ほどよく合理的」な選択をする

　本章では、様々な状況において、**人の行動がいかに超合理的とかけ離れているか**を紹介します。

　まずは身近な例として、一消費者の立場でシャンプーを買う状況を考えてみましょう。あなたはどういった基準で次回、購入するシャンプーを決めますか？　市場には200種類以上のシャンプーが存在しますが、それら全てを比較、検討はしないし、できませんよね。伝統的な経済学で仮定されている超合理的な経済人は、それら全てのシャンプーに対して、機能や価格、そしてそのメリットとデメリットを考慮して、自分にとって最大の効用をもたらす商品を選びます。

　人は通常、認知資源の限界から、市場に存在する全てのシャンプーのサブセットから選びます。その人が知っている商品の集合は**認知集合**と呼ばれます。その中から必要な属性を満たして購買の候補になる商品群（たとえばリンスインとか500円以下など）は**考慮集合**、さらにその中で店舗に在庫があり実際に購入できる商品群は**選択集合**と呼ばれます。消費者行動の研究によると、選択集合の平均サイズは商品カテゴリーにもよりますが**2〜8**です。最終的には、この選択集合の中から、様々な属性値を秤にかけて商品を選ぶというパターンが多いでしょう。もしかしたら認知集合に入っていない商品が一番高い効用をもたらすかもしれません。もちろん、「今日だけ半額」という謳い文句で、商品の中身も知らずに衝動買いをして、失敗することもあるでしょう。

　つまり現実には、人は経済人の行う超合理的な効用最大化ではなく、**ほどよく合理的にふるまう**のです。

一人の消費者としての購買行動

| 認知集合 | > | 考慮集合 | > | 選択集合 |

知っている
全ての
シャンプー

必要な属性
を満たし
購買候補となる
シャンプー

ex. リンスイン、
500円以下

実際に購入
できる
商品群

選択

これにしよう

人は経済人のように超合理的ではなく、
ほどよく合理的にふるまう

10 hour
Behavioral 2
Economics

あなたは
超合理的には
ふるまわない

▶ 02　人間はベイズ学習が苦手

素早い判断を求められると合理的な判断は困難

　まずは右の「**難病の検査**」の質問を5秒以内に答えてください。

　検査結果が陽性になると、かなり不安になりませんか。安心してください！　陽性反応でも、実際にこの難病にかかっている確率は1.8%しかありません。「**90%の確率で陽性反応**」という言葉に引っ張られて、もっと高い確率だと思った人も多いのではないでしょうか。以下が質問の解説になります。

　1/1000の確率で難病患者が出るため、1000人検査を受けると平均で**999人が健常者、1人が難病患者**になります。この2グループの陽性反応が出る人数の期待値は、それぞれ健常者が49.99人（＝999×5％）、難病患者が0.9人（＝1×90%）です。したがって陽性反応が出た人の中で難病患者の割合は、1.8%（＝0.9/（0.9＋49.99））と計算できます。

　これは、検査前の難病疾病率（事前確率）を検査結果（データ）で更新する**ベイズ統計**の考え方を使っています。この情報更新の仕組みはベイズ学習と呼ばれ、人間の学習モデルや機械学習（迷惑メールの振り分けなど）でよく用いられています。

　この質問に正解した読者の方々は、この**合理的なベイズ学習**を5秒以内にできたことになります。しかし人は通常、素早い回答を求められると、合理的（ベイズ統計）な判断ができずに直観で答えてしまいます。

　このように、人は合理的な判断であるベイズ学習に従わない場合が多々あります。第2部では、人は統計や確率という概念を理解することが苦手で、**代表性ヒューリスティック**という直観に基づいて判断するため、**間違い（バイアス）**をすることがあることを紹介します。

30秒でわかる! ポイント

質問:難病の検査

「あなたがこの難病にかかっている確率は 1/1000 なので、あまり心配する必要はありませんよ」と医者に言われました。心配なので、精密検査を受けることにしました。

この検査では、難病にかかっていると 90% の確率で陽性反応が出ます。ただ病気にかかっていなくても、5%の確率で陽性反応がでます。結果は陽性でした。この難病にかかっている確率を以下から選択してください。

A) 0〜20%   B) 21〜40%   C) 41〜60%

D) 61〜80%   E) 81〜100%

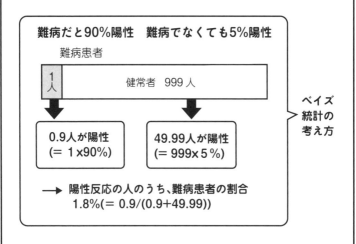

難病だと90%陽性　難病でなくても5%陽性

難病患者

| 1 人 | 健常者　999 人 |

ベイズ
統計の
考え方

→ 0.9人が陽性
(= 1×90%)

49.99人が陽性
(= 999×5%)

→ 陽性反応の人のうち、難病患者の割合
1.8%(= 0.9/(0.9+49.99))

→ 素早い回答を求められると、合理的(ベイズ統計)な判断ができずに直観で答えてしまう

▶ 03 ゲーム理論1 囚人のジレンマ

クーポンを付ける、付けない、どっちを選ぶ？

　次に経済学の例として、「**囚人のジレンマ**」というゲームを考えます。ここでは、超合理的な経済人と「ほどよく合理的」なプレイヤーで、均衡が異なる可能性があることを見てみます。

　企業AとBの選択肢は、それぞれ**マーケティング・プロモーションを行う（クーポン）**と**行わない（Noクーポン）**の2つです。各企業は独立に意思決定をして、両企業が相談して同時に戦略を変更することはできません。表の各セルの2つの数字が、該当する選択肢の結果、企業AとBが得る利益を表しています。

　合理的な企業は、他社の行動を予測しながら自社の利益が最大になる選択肢を選びます。企業Aは、企業Bの選択にかかわらず「クーポン」を選んだ方が報酬が多くなります。同様に企業Bも「クーポン」を選んだ方が企業Aの行動にかかわらず利益が多くなります。よって2社とも「クーポン」を選びます。これをゲーム理論の言葉では「**ナッシュ均衡**」といいます。一度ナッシュ均衡の状態になると、戦略を変更する企業は不利になって抜け出せなくなるために「**均衡**」と呼ばれるのです。

　超合理的なプレイヤーを仮定したゲームの均衡では、両者とも「クーポン」を選択して3億円の利益を得ます。果たして実際のビジネスでもそうなるでしょうか。お互いに「同じ業界の競合企業が泥沼にはまるようなクーポン合戦を始めるわけがない」と推測して、ほどよく合理的な両者であれば「Noクーポン」を選択し、**それぞれ10億円の利益を得る**ことも考えられます。

　より複雑なゲームでは、様々な憶測がプレイヤーの戦略を非合理的に変える可能性があるでしょう。

30秒でわかる! ポイント

囚人のジレンマ

企業B／企業A	クーポン	Noクーポン
クーポン	企業 A→利益 3 億円 企業 B→利益 3 億円	企業 A→利益 15 億円 企業 B→利益 1 億円
No クーポン	企業 A→利益 1 億円 企業 B→利益 15 億円	企業 A→利益 10 億円 企業 B→利益 10 億円

合理的な企業は他社を予測し、自社利益が最大になるように選択

→ 企業Aも企業Bも相手の選択にかかわらず、クーポンの方が得

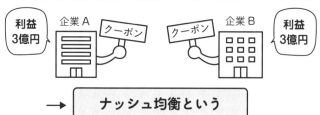

利益3億円　企業 A　クーポン　クーポン　企業 B　利益3億円

→ ナッシュ均衡という

一度ナッシュ均衡になると戦略を変更する企業が不利になり抜け出せなくなる

ほどよく合理的だと……

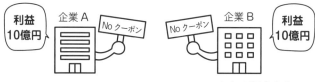

利益10億円　企業 A　Noクーポン　Noクーポン　企業 B　利益10億円

となる場合もある

→ より複雑なゲームでは非合理的な戦略をとる場合もある

10 hour
Behavioral 2
Economics

あなたは
超合理的には
ふるまわない

▶ 04　ゲーム理論2　参入ゲーム

企業は非合理的な行動に出る場合もある

　参入ゲームのプレイヤーは、業界の既存企業とそこに新規参入を狙っている新興企業になります。まず新興企業は業界に参入するかしないかを決めます。次に参入があった場合、既存企業は新興企業と競争するか協調するかを決めます。参入がなかった場合はそこでゲームが終わります。既存企業は新興企業の戦略を観測した後に自身の戦略を決めることができるため、これは**逐次ゲーム**と呼ばれます。結果の利得を含めて右図のようなツリー型（展開型）に描写できます。

　では合理的なプレイヤーはどうふるまうのでしょう。ここでは、ツリーの末端からプレイヤーの行動を考える、「**バックワード推論**」が有用です。まず参入があった場合、既存企業は協調の1億円と競争の－1億円を比べて協調を選びます。それを見越した新興企業は、参入の1億円と退出の0億円から参入を選びます。ここでの合理的なプレイヤーに基づいた矢印の均衡は、ツリー状の全てのサブゲームがナッシュ均衡になる「**サブゲーム完全均衡**」と呼ばれるものです。

　ここで、ツリー末端の数字を1カ所、変更してみます。これは、社運をかけて参入した新興企業を、既存企業が徹底的に潰しにかかったため新興企業が倒産（－200億円）に追い込まれるというゲームになります。合理的なプレイヤーを仮定した場合、均衡は前のゲームと同じです。しかし万が一、既存企業が非合理的に行動して競争した場合、新興企業は倒産の可能性を避けるため、退出を選択するでしょう。つまり、企業の実行動がゲーム理論において合理的なプレイヤーを仮定した均衡に従わない場合もあるのです。

参入ゲーム

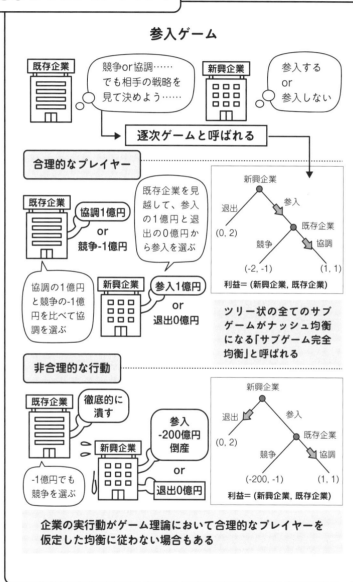

既存企業 競争or協調…… でも相手の戦略を見て決めよう……

新興企業 参入する or 参入しない

逐次ゲームと呼ばれる

合理的なプレイヤー

既存企業 協調1億円 or 競争-1億円

既存企業を見越して、参入の1億円と退出の0億円から参入を選ぶ

協調の1億円と競争の-1億円を比べて協調を選ぶ

新興企業 参入1億円 or 退出0億円

新興企業
退出 / 参入
(0, 2) 既存企業
競争 / 協調
(-2, -1) (1, 1)
利益＝(新興企業, 既存企業)

ツリー状の全てのサブゲームがナッシュ均衡になる「サブゲーム完全均衡」と呼ばれる

非合理的な行動

既存企業 徹底的に潰す

参入 -200億円 倒産 or 退出0億円

-1億円でも競争を選ぶ

新興企業
退出 / 参入
(0, 2) 既存企業
競争 / 協調
(-200, -1) (1, 1)
利益＝(新興企業, 既存企業)

企業の実行動がゲーム理論において合理的なプレイヤーを仮定した均衡に従わない場合もある

10 hour
Behavioral **2**
Economics

あなたは
超合理的には
ふるまわない

▶ 05　不確実性のもとでの行動

ゲームの価値は額面ではなく効用で決まる

　以下の**賞金ゲーム**を考えてみましょう。

　コインフリップで1回目に表が出れば2円、2回目も表なら4円、3回目も表なら8円、と続き、n回目に表が出れば2^n円もらえます。ただし、裏が出た時点で賞金は0円となります。あなたは、このゲームにいくらまで支払いますか？

　右のように計算すると、実は**賞金の期待値は無限大**になります。合理的に考えると無限大の価値があるように見えるゲームですが、実際、多くの人は10円以下しか払いません。

　これは1738年、数学者ダニエル・ベルヌーイが論文で発表し、彼の自宅の地名から**サンクトペテルブルクのパラドックス**として知られています。

　彼はこの説明として、人は賞金の額面ではなく、そこから得られる効用でゲームを評価する、また**その効用は賞金の収穫逓減関数で表される**、と主張しました。ここでの収穫逓減あるいは限界効用逓減とは、額面が大きくなるにつれて効用の増加が減ることを指し、たとえば、効用が額面の対数関係になる場合などがこれに該当します。

　実際、効用関数に log を当てはめて、賞金ゲームの**期待効用**を計算すると右のように log 4 となります。つまり、このゲームの効用は確実な4円がもたらす効用と同等ということで、多くの人が考えるゲームの価値に近い値になります。

　不確実な状況において効用をその発生する確率で重みづけるアイデアは、その後、「**期待効用理論**」として、ゲーム理論の創始者であるフォン・ノイマンとオスカー・モルゲンシュテルンによって定式化されました。

不確実性のもとでの行動：期待効用理論

コインフリップ

1回目	2回目	3回目	n回目	裏が出ると
			表	
表	表	表	2^n円	裏
2円	4円	8円		0円

賞金の期待値は無限大

$$E(prize) = \sum_{n=1}^{\infty} \frac{1}{2^n} \times 2^n = \sum_{n=1}^{\infty} 1 = \infty$$

しかし、多くの人が10円以下しか払わない……

サンクトペテルブルクのパラドックス

賞金の額ではなく、得られる効用でゲームを評価

効用＝賞金の収穫逓減関数で表される

　　　└➤ 額面が大きくなると効用の増加が減る

効用関数に限界効用逓減の法則を取り込む
$u(x) = \log(x)$

効用の期待値は？
$$E(prize) = \sum_{n=1}^{\infty} \frac{1}{2^n} \log(2^n) = \log 2 \times \sum_{n=1}^{\infty} \frac{n}{2^n} = (\log 2) \times 2 = \log 4$$

➡ **ゲームの期待効用は確実な4円と同等**

10 hour

Behavioral 2

Economics

あなたは
超合理的には
ふるまわない

▶ 06　期待効用アノマリー

人は
期待効用理論に
合わない選択をする

　人の行動をより正確に説明する期待効用理論ですが、それでも現実の行動を描写できない事象が実験などから多数、見つかったため、これらは「**アノマリー**」と呼ばれています。右の問題を考えてみます。

　問１では多くの人がＢを選びます。問２では多くの人がＣを選びます。おそらく金額が低くても100％当たる確実性を重視するのでしょう。しかし、この選択は合理的な判断とはいえません。

　問１は問２の当たり分が 1/2になったものなので、問１は、1/2の確率で問２をひくチャンス、1/2の確率で０円という問題と同等になります。したがって、**ＡとＣ、あるいはＢとＤを選択するのが合理的な回答**になります。第３のクジ（1/2の確率で問２、1/2の確率で０円）の存在が選好を変えたのです。

　次に、「**アレのパラドックス**」と呼ばれる問題を考えてみましょう。

　問３では多くの人がＡを選びます。おそらく何も得られない１％の確率を嫌ってのことでしょう。問４では多くの人がＤを選びます。当たりの確率が１％しか下がらないのであれば５倍の賞金に賭けてみたいのでしょう。しかし、この選択も合理的な判断とはいえません。

　右側の図は、問３と問４を書き換えたものです。確率0.89で当たる一番下の枝以外、**ＡとＣは同等、ＢとＤも同等**です。Ａを選んだ人はＣを、Ｂを選んだ人はＤを選ぶのが合理的な判断ですが、一見、無関係に見える確率0.89で当たる賞金が￥10万か￥０かによって、同じクジでも選好が変わってしまうのです。

　人の選択は、**期待効用理論の仮定する「クジを別の第３のクジでミックスしても選好は不変」という合理性（独立性公理と呼ばれる）を満たさない**のです。

30秒でわかる! ポイント

各問で、2つのうち、あなたはどちらのクジを選びますか?
(以下では、賞金と確率がカンマで、結果はセミコロンで、分けられています)

問1

A: (1000円,0.5; 0円,0.5)
B: (2500円,0.25; 0円,0.75)

→ 多くの人はBを選ぶ

問2

C: (1000円,1; 0円,0)
D: (2500円,0.5; 0円,0.5)

→ 多くの人はCを選ぶ

AとC or **BとD** を選ぶのが合理的。
問1は問2の当たり分が1/2のため

問3

A: (10万円,1.0)
B: (50万円,0.10; 0円,
0.01; 10万円,0.89)

→ 多くの人はAを選ぶ

問4

C: (10万円, 0.11; 0円,0.89)
D: (50万円, 0.10; 0円,0.90)

→ 多くの人はDを選ぶ

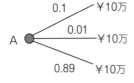

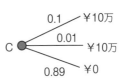

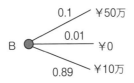

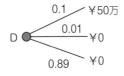

AとC or **BとD** を選ぶのが合理的だが、確率0.89で当たる賞金が
¥10万か¥0かによって、同じクジでも選好が変
わってしまう

10 hour

Behavioral

Economics

2

あなたは
超合理的には
ふるまわない

▶ 07 主観的確率アノマリー

確率がわからないと 非合理的な 行動をとる

もうひとつの期待効用理論におけるアノマリーは、確率に関する非合理的な判断から起きるもので、「**主観的確率アノマリー**」と呼ばれています。エルスバーグが1961年に示した問題を考えてみましょう。

壺の中に90個の玉が入っています。そのうち、赤玉は30個、そして黒玉と黄玉の合計が60個ですが、黒玉と黄玉の内訳はわかりません。この壺から玉1個をランダムに取り出します。

問1：あなたは、AとB、どちらを選びますか？

A: 赤玉を取り出したら賞金 $100

B: 黒玉を取り出したら賞金 $100

問2：あなたは、CとD、どちらを選びますか？

C: 赤玉か黄玉を取り出したら賞金 $100

D: 黒玉か黄玉を取り出したら賞金 $100

問1では多くの人がAを選びます。p(・) を確率とすると、これは **p（赤玉）＞p（黒玉）** と判断していることになります。

問2では多くの人がDを選びます。ここではp(赤玉か黄玉) ＜p(黒玉か黄玉) と判断しています。したがって、p(赤玉) ＋ p(黄玉) ＜ p(黒玉) ＋ p(黄玉) なので、問1と逆に、**p（赤玉）＜p（黒玉）** と判断していることになります。

不確実性には**確率で判断できる「リスク」**と確率で判断できない**「曖昧さ」**の2種類があります。ここの要点は、赤玉の出る確率が1/3、黒玉か黄玉いずれかが出る確率は2/3とわかっていますが、個別に黒玉の出る確率や黄玉の出る確率はわからないことです。一見、合理的に見える期待効用理論では、確率が事前にはわからないという「曖昧さ」を回避しようとする人間の行動が説明できないのです。

30秒でわかる! ポイント

エルスバーグのパラドックス

赤玉が30個
黒玉＋黄玉が60個
→合計90個

| 問1 | A: 赤玉を取り出したら $100 |
| | B: 黒玉を取り出したら $100 |

→ 多くの人がAを選択
p(赤玉) > p(黒玉)で、黒玉より赤玉が多いと判断

| 問2 | C: 赤玉か黄玉を取り出したら $100 |
| | D: 黒玉か黄玉を取り出したら $100 |

→ 多くの人がDを選択

$$\boxed{p(赤)} + p(黄) < \boxed{p(黒)} + p(黄)$$

問1と逆に、赤玉より黒玉が多いと判断

不確実性

確率で判断できる「リスク」

確率で判断できない「曖昧さ」

| 赤玉の確率1/3 | 黒玉＋黄玉の確率は2/3 |

→ 黒玉、黄玉の個別の確率は不明

期待効用理論では、確率が事前にはわからない「曖昧さ」を
回避しようとする人間の行動が説明できない

10 hour
Behavioral **2**
Economics

あなたは
超合理的には
ふるまわない

▶ 08　期待効用理論の限界とその修正

人によって異なる「主観的確率」が存在する

　第2章6節のクジの選択問題と**アレのパラドックス**を思い出してください。

「確率が1％しか下がらないのであれば5倍の賞金に賭けてみたい」

「当たる確率がほぼ0なのであれば、ダメ元で額面の高いクジに賭けてみたい」

　これらの選好からは、一定の状況であれば、**賞金の「望ましさ」**が確率のデメリットを補うことが分かります。また、何をもって「望ましい」と判断されるのか、その基準も考える必要がありそうです。

「何も得られない1％の確率を嫌う」

　この選好は、低い確率を過大評価しています。$p(0.01) \gg p(0.0)$

「金額が低くても確実性を重視する」

　この選好は、高い確率を過小評価しています。$p(0.99) \ll p(1.0)$

　これは、**確率に対する感じ方が主観的**であることを示しています。このことから、事象が起こる尺度を客観的に表現した確率とは別に、心理的に非線形な意味合いを持った「**主観的確率**」が存在することが示唆されます。

　つまり、実際の人間の選好や行動を分析するためには、期待効用理論で表されるような効用を確率で重みづけた単純な期待効用理論では不十分だということが憶測されます。

　前節で紹介した期待効用アノマリーや主観的確率アノマリーなども説明できる解決策の中でも、特にシンプルで汎用性の高いものが、カーネマンとトベルスキーが提案した**プロスペクト理論**なのです。これは第2部の「メカニズムの説明理論」で紹介します。

30 秒でわかる! ポイント

期待効用理論の限界

> 「確率が1%しか下がらないのであれば5倍の賞金に賭けてみたい」「当たる確率がほぼ0なのであれば、ダメ元で額面の高いクジに賭けてみたい」

賞金の「望ましさ」が確率のデメリットを補う

確率ダウン

何も得られない1%の確率を嫌う
➡ **低い確率を過大評価** $p(0.01) \gg p(0.0)$

金額が低くても確実性を重視する
➡ **高い確率を過小評価** $p(0.99) \ll p(1.0)$

確率に対する感じ方は「主観的」

実際の人間の選好や行動を分析するのは単純な期待効用理論では不十分

10 hour
Behavioral **3**
Economics

あなたは
超自制的には
ふるまわない

▶ 01 「先送り」の行動

ダイエットや禁煙が続かないのは当たり前!?

　第3章では、様々な状況において、**人の行動がいかに超自制的とかけ離れているか**を紹介します。

　今日からダイエットすることを決意したが、ついケーキを間食してしまった。健康のために禁煙することに決めたが、いざ次の日になると目の前のタバコを吸ってしまう。重要な仕事を完了させなければならないのに、友人との談話に興じて先送りしてしまった。

　これらの共通点は、自分にとって長期的に大きな価値をもたらすことは分かっていながらも、短期的な誘惑に屈してしまう「**先送り**」行動です。

　当初は小さな利得（タバコ）よりも将来の大きな利得（健康）の方が、より大きな効用をもたらす（重要）と考えて禁煙を始めたのですが、小さな利得が目先に近づいてくるとそちらの効用の方が大きく感じられてしまう「**選好の逆転**」と呼ばれる現象です。つまり、人は近視眼的な選好を持っているといえるでしょう。

　経済学では、人の時間軸における選好や行動を「**時間による割引**」、つまり"将来の1万円は今日の1万円の価値をもたらさない"を用いて分析することが多いです。

　銀行口座に預金をした時は、この「時間の経過による預金価値の減少」が**割引**なので、その埋め合わせとして預金額の○○%が利子として毎年支払われます。このように、割引の大きさが金額の一定の割合（割引率）である場合、「**指数型割引**」と呼びます。預金、借金、ローンなどの金銭においては、この指数型割引を使います。

「先送り」の行動

自分に長期的な大きな価値があるとわかっていても短期的な誘惑に屈してしまう

→ 先送り行動

長期的な大きな利得より目の前の小さな利得の方が効用が大きく感じられる

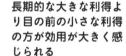

→ 「選好の逆転」

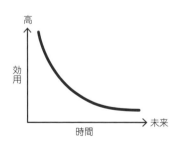

時間がたつと
効用が減ってしまう

→ 銀行口座に預金をすると

時間の経過により預金価値が減少するのでその埋め合わせとして利子が支払われる

↳ 割引の大きさが一定であるもの＝指数型割引

10 hour
Behavioral **3**
Economics

あなたは
超自制的には
ふるまわない

▶ 02　超自制的な人の時間選好

将来の健康のために
今タバコを
我慢できる理由

　超自制的な人間を仮定した伝統的な経済学の時間選好に対する考え方は、1970年にノーベル経済学賞を受賞したポール・サムエルソンの提唱した**割引効用理論**に代表されます。

　この理論が主張していることは、未来消費は、**時間選好率で割り引く**ことによって**現在効用に換算される**、ということです。単純化して現在と未来の２期で考えると、右式のように、割引効用は現在消費の効用と未来消費の割り引かれた効用の和で表されます。未来消費の割引率 ρ を特に「**時間選好率**」と呼びます。これを３期以上の一般的な状況に拡張すると、効用は毎期、一定の割合（時間選好率）で割り引かれるため、指数型割引になります。

　実に単純、明快。時間軸における経済人の選好や行動の原理・原則として仮定するに、ふさわしいでしょう。ではこの割引効用理論を、前節の「先送り」現象に当てはめるとどうなるのでしょう。

　右図は、将来の大きな利得と目先の小さな利得の**割引効用**（y 軸）を時間軸（x 軸）でプロットしたものです。利得から時間的に（左方向に）離れるほど効用が大きく割り引かれていることが分かります。もし、この２つの利得の割引効用が交われば、効用の大きさの順番が変わるため、「**選好の逆転**」が起きます。しかし、どの時点においても、２つの利得の割引効用の大きさは逆転しません。

　つまり、ある時点で健康がタバコより高い効用をもたらすのであれば、時間が経過してタバコが目先に近づいても健康の方が好まれます。タバコを吸ってしまうことはありません。

　このような理由から、時間軸における選好の逆転は、古典的な経済学では「**時間的非整合性**」とも呼ばれます。

30 秒でわかる! ポイント

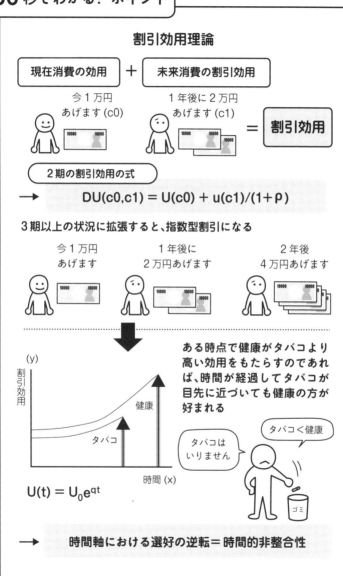

割引効用理論

| 現在消費の効用 | **+** | 未来消費の割引効用 |

今1万円
あげます (c0)

1年後に2万円
あげます (c1)

= | 割引効用 |

2期の割引効用の式

➡ DU(c0,c1) = U(c0) + u(c1)/(1+ρ)

3期以上の状況に拡張すると、指数型割引になる

今1万円
あげます

1年後に
2万円あげます

2年後
4万円あげます

ある時点で健康がタバコより
高い効用をもたらすのであれ
ば、時間が経過してタバコが
目先に近づいても健康の方が
好まれる

(y)

割引効用

健康

タバコ

時間 (x)

タバコはいりません

タバコ＜健康

U(t) = U₀e^{qt}

➡ **時間軸における選好の逆転＝時間的非整合性**

10 hour

Behavioral **3**

Economics

あなたは
超自制的には
ふるまわない

▶ 03 時間への知覚を考慮した割引

それでも
目の前のタバコに
手が出るのはなぜ？

「先送り」による選好の逆転を、エレガントな割引効用理論で説明はできないものでしょうか。

実は19世紀中頃に心理学者**グスタフ・フェヒナー**が提案した「人間の感覚の大きさは、受ける刺激の強さの対数に比例する」という**「ウェーバー・フェヒナーの法則」**を使えば、説明が可能になります。これは、刺激の強度が n 乗になっても知覚の強さは n 倍にしかならないことを意味しています。

刺激を物理的な時間だとすると、時間の長さに対する人の知覚（心理的時間）は**その対数に比例**します。これを使って、右のように割引効用理論の時間の定義を物理的時間から心理的時間に変更すれば、未来効用は物理的時間の**双曲型割引**という形をとります。

指数型割引の時間選好率が未来効用までの時間に関係なく一定なのに対して、双曲型割引の時間選好率は未来効用までの時間が遠いほど小さくなります。つまり目先の時間的遅滞は大きなロスと感じる一方、**遠い将来であればそこまで気にしない**、という割引選好なのです。

時間に対する心理的な知覚を考慮して、先ほどの将来の大きな利得と目先の小さな利得の割引効用をプロットしたのが右図です（割引効用は物理的時間の双曲型割引）。時間的遅滞が利得から近いと湾曲が大きく（効用が大きく割り引かれるため）、遠いと湾曲が緩やかになっています。

その結果、２つの割引効用が交差して**「選好の逆転」**が起こっています。時間的に遠い時は将来の大きな利得（健康）の割引効用の方が大きかったのですが、２つの割引効用が交差した時点からは、目先の小さな利得（タバコ）の割引効用の方が大きくなっています。

30 秒でわかる！ポイント

時間に対する知覚を考慮した割引効用理論：双曲型割引

双曲型割引

近い将来は待てないが、遠い将来は待てること

双曲型割引の導出

心理的時間 $s=\log(1+t)$ の指数型割引 $u(s)=e^{\rho s}$
は、物理的時間 t の双曲型割引 $u(t)=(1+t)^{-\rho}$

ex.

| 今1万円
あげます | or | 半年後
1万1000円
あげます |

5年後1万円あげます

or 5年半後、
1万1000円あげます

今ください！

5年半後で……

双曲型割引による「選好の逆転」現象

ダイエット、禁煙、先延ばし

（将来的に大きな利得 VS 目先の小さな利得）

【 行動経済学による説明 】

指数型割引では
説明できない

$U(t) = U_0 e^{\alpha t}$

価値／時間

双曲型割引

$U(t) = \dfrac{U_0}{1+\alpha t}$

価値／時間

双曲型割引の時間選好率

【 5年後の健康が重要 】

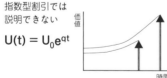

タバコ＜健康

↓

【 目の前にタバコ 】

目先の時間的遅
延は大きなロス
タバコ＞健康
に変化

【 2つの割引が交差「選好の逆転」 】

10 hour
Behavioral
Economics
3

あなたは
超自制的には
ふるまわない

▶ 04 「マリッジブルー」

なぜ当初の志が
揺らぐのか
どう説明する？

　時間に対する心理的な知覚（双曲型割引）を考慮しても説明できない「選好の逆転」を紹介しましょう。

　望ましいと思って1年前に決意した結婚だが、挙式の日が近づくにつれて色々なことが不安となり意思が揺らいでしまう**マリッジブルー**。2年前、高い理想のもとに学会のオーガナイザーを引き受けたのだが、開催直前になると細かな雑用の負担感から、なぜこのような仕事を引き受けたのかと後悔し始める。音質の良い時計付きラジオを買おうと長らく探していたが、結局、音質は優れないが時計が有用というラジオを購入する。

　これらの例では、本来有益と思われた「当初の目的」（結婚の意義、学術交流、ラジオの音質）が、時間的距離が近くなるにつれて「**目的以外の要因**」（挙式の準備や親族の関係、開催準備、時計の品質）に、より強く影響を受けて**選好の変化**が起きています。

　右の図1は、時点0を結婚日（学会日、ラジオの購買日）とし、利得である「当初の目的」と損失である「目的以外の要因」の2つの割引効用を過去から時間軸上にプロットしたものです。指数型割引でも双曲型割引でも、利得の割引効用が損失の割引効用を全時点で上回っているため、マリッジブルーは起きません。

　さらに図2は、様々な研究で検証されている「**時間選好率は損失より利得に対して高い**」という心理的な知覚要因を組み込んだものです。それでも選好の逆転は発生しません。なぜなら、時間選好率の違いから、1年前に利得が損失を上回っていれば、挙式日にはそれ以上に利得が損失を上回ることになるからです。利得と損失の割引効用は交わらず、マリッジブルーは起きません。

30秒でわかる! ポイント

双曲型割引を考慮しても説明できない「選好の逆転」

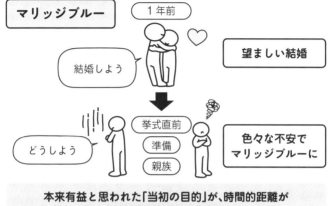

マリッジブルー　｜1年前｜

結婚しよう

望ましい結婚

どうしよう

｜挙式直前｜
｜準備｜
｜親族｜

色々な不安で
マリッジブルーに

本来有益と思われた「当初の目的」が、時間的距離が
近くなるにつれて「目的以外の要因」に、より強く
影響を受けて選好の変化が起きた

学会の企画、マリッジブルー

計画当初の野望、志 VS 直前の諸要因や雑用

行動経済学による説明

(図1) 双曲型割引や指数型割引
　　　では説明できない

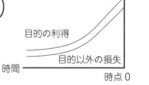

価値

目的の利得

目的以外の損失

時間

時点 0

(図2) 利得と損失で割引率を
　　　変えても説明できない

q(利得)＞q(損失)

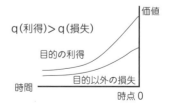

価値

目的の利得

目的以外の損失

時間

時点 0

10 hour
Behavioral **3**
Economics

あなたは
超自制的には
ふるまわない

▶ 05　消費は経路に依存する

おいしいものは
最後にとっておく

　人の心理は複雑です。「マリッジブルー」以外にも、ほどよく自制的な生身の人間のふるまいを説明することが難しい例は多々見受けられます。

　生涯賃金２億円を40年間に分けて支払ってもらえるとしたら、多くの人は年々、**右肩上がりの給与を選ぶ**でしょう。割引効用の観点からは、給与はなるべく早い段階で多くもらった方がいいのですが、人は給与が下がるという精神的苦痛を嫌う傾向があります。

　今週末、金、土の外食は、高級フレンチと町中華と決めた時、どちらを先にしますか。給与の例と同じく、町中華を選ぶのでは。楽しみを待つワクワク感が欲しい、高級フレンチの翌日の町中華にはガッカリ感がある、様々な理由があるでしょう。

　焼肉では、先にあっさり目なタン塩、その後にジューシーなカルビ。寿司屋のネタも、まずは白身魚、そして赤身、最後にアナゴ。

　このような消費の**経路依存性（順序効果）**は、異時点間消費の独立性を仮定して、適切な時間で割り引かれた効用の和として表現する割引効用理論では、説明できません。

　その他の**異時点間の効用が相互作用する**例としては、**アディクション（中毒）**があります。麻薬やギャンブルなどは、現在消費が多いほど、未来消費の限界効用が大きくなって、将来の消費が増えます。つまり効用関数の定常性が当てはまらないのです。

　割引効用理論で仮定されている超自制的な経済人の時間に対する選好「未来消費は、時間選好率で割り引くことによって現在効用に換算される」は単純・明快です。しかしほどよく自制的な人は、背後の仮定である**事象の独立性と効用関数の定常性を満たさない**のです。

「ほどよく自制的」は消費の独立性と効用関数の定常性を満たさない

生涯賃金2億円を40年間にわける

A 右肩上がりの給料   B 先にたくさんもらう

Aで

賃金 / 年数

賃金 / 年数

多くの人がAを選ぶ

金、土の外食、フレンチと町中華の組み合わせは？

Aで

A
金 町中華
土 フレンチ

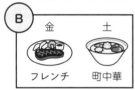

B
金 フレンチ
土 町中華

多くの人がAを選ぶ

➡ 「ほどよく自制的」な人は消費の経路依存性と相互作用に影響される

独立性	異時点間の消費は、それぞれが適切な時間で割り引かれた効用の和として表現できること。
相互作用	ある消費が他の消費の効用に影響を与えるため、独立性が満たされないこと。
定常性	効用関数が時間で変わらないこと。
経路依存性	事象の発生した時間的順序によって、割引効用が変わってしまうこと。

10 hour
Behavioral
Economics
4

あなたは
超利己的には
ふるまわない

▶ 01　社会的選好

他人を考慮した
行動をするのも人間

　３つ目のホモエコノミカスの仮定は、人は「**超利己的**」にふるまうことです。「利己的」というと聞こえが悪いですが、各人が自身の利益を最大化するような行動をとれば、全体として最適な結果が達成されるように、適切なインセンティブと競争に基づいた市場の仕組みをデザインすることが、資本主義の経済学です。

　しかしながら、寄付、慈善事業、ボランティア活動などで見られるように、人間は自分の利益を追求するだけでなく、他人のことも考慮した上で（これを「**社会的選好**」と呼びます）行動します。

　一番、身近な例は、家族内の行動でしょう。時に親は自分を犠牲にしてまで子の利益を優先します。そのため、家族の経済学では、家族メンバー内の利己性は仮定せずに、家族単位で分析を行います。

　自分一人がやらないからといって環境が悪くなるわけでもないのに、手間と労力をかけてゴミを10種類以上に分別もします。このような行動を理解することは、SDGsのような**公共財の経済学**で役立ちます。

　自分が少し我慢すれば、会社がスムーズに動くのであれば、そうするかもしれません。あるいは、グループで協働作業をしている時に、どうすれば**フリーライド（タダ乗り）**を防げるのでしょうか。これらを理解することは経営・人事管理で重要です。

　どのような社会的選好がどういう状況で生じるのかを理解することは、様々な分野において、そしてSNSなど人と人の関係が可視化されるネット社会では、特に有益です。

ビジネスにおける社会的選好：互恵性と一貫性

- ・スーパーマーケットでの試食
- ・洋服店での試着
- ・送料無料で返品OKのインターネット通販
- ・新聞勧誘の際の洗剤やティッシュなどのおまけ

これらはマーケティングでよく見かける販売促進ですが、ここには互恵性と一貫性という2つの消費者心理が働いています。まず、**互恵性**ですが、人は何かしらの施しを受けた際に、お返しをしたいという感情を抱く傾向があります。無料でもらった、せっかく労力や時間を割いてもらった、だから買わないのは申し訳ない、と感じて購買してしまうのです。また、タダ乗りではなく商品に関心があると思われたいという感情は、自分の発言や態度に矛盾が生じないよう整合的な行動をとろうとする**一貫性**の原理です。互恵性と一貫性の強い消費者は、試食するかどうか最初の段階で慎重な判断を下すことが、その先の無駄な購買を避けることにつながります。

試食

せっかく試食をさせてもらったんだし、買わないと申し訳ないな……（互恵性）

初めからタダ乗りするために試食しに来たと思われたくないから買おうかな（一貫性）

10 hour
Behavioral
Economics
4

あなたは
超利己的には
ふるまわない

▶ 02 独裁者ゲーム

利益を独り占めしないのも人間

　人はホモエコノミカスのように利己的にふるまうのか、あるいはどの程度、他人の利益を考慮するのか、を見極めるもっとも単純な**独裁者ゲーム**を見てみましょう。

　このゲームには、**配分者**と**受益者**の2人のプレイヤーがいます。配分者には現金1000円が与えられ、このうち、好きな金額を受益者にあげることができます。残りの金額は配分者がキープします。

　もし配分者が超利己的であれば、自身が全額の1000円をもらい受益者には0円という結果になるはずです。様々な研究結果をまとめたコリン・キャメラーによると、配分者は**平均約20％の持ち分を受益者に配分**することが確認されました。このように、自分が多少の犠牲を払ってでも他者の利益を考えることを、「**利他性**」と呼びます。つまり、受益者の喜ぶことをしたいという利他性が約20％の配分につながったといえます。

　ただし、この解釈には、いくつかの論点があります。配分者が受益者やゲーム主催者から利己的な人間だと思われたくないため、このような行動をとった可能性。あるいは、受益者を喜ばせることから生じる効用というより、配分者が**道徳的な義務感（正義感）**からこのような行動をとった可能性です。これらの要因の影響を排除するような独裁者ゲーム（たとえば配分者を匿名性にするなど）も提案されており、その場合、配分率が下がることが確認されています。

　いずれにせよ、人は多かれ少なかれ利他性を持っていて、**超利己的ではない**ということです。

独裁者ゲーム

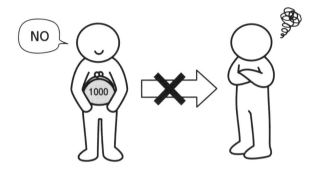

1000円を与えられた配分者は受益者に好きな金額を渡すことができるが、配分者が超利己的であれば1000円のうち全額を自分のものとすることもできる。

多くの配分者は、自分が損をしても受益者に得をさせたい、受益者を喜ばせたいという利他性から、与えられた額の一部を受益者に渡す。

10 hour
Behavioral
Economics
4

あなたは
超利己的には
ふるまわない

▶ 03　最後通牒ゲーム

6：4の配分が
納得されやすい

　独裁者ゲームでは、受益者は行動の選択肢が何もありませんでした。配分者の意思決定が受益者の行動にどう影響するかを分析するために、独裁者ゲームを次のように発展させました。

　受益者にあげる金額を配分者が決めた後、受益者はそのオファーを受諾するか拒否するかを選びます。受諾する場合は配分どおりの金額が2人に与えられますが、拒否した場合は2人とも配分額は0円になります。この逐次ゲームを展開型に描いたものが右図で、**最後通牒ゲーム**と呼ばれます。

　配分者が利己的であれば1円、利他的であればそれより多い金額（400円）を提示する想定で、バックワード推論を考えてみましょう。

　まず、配分者の提示額が1円でも400円でも、受益者は**拒否すれば0円**になるので、受諾します。これを見越した配分者は、自身の受け取りが多い提示額1円を選びます。これが超利己的な2人のプレイヤーが選ぶ**サブゲーム完全均衡**になります。

　多くの実験結果では、受益者が約400円、配分者が残りという結果が観測されました。また提示された配分が2割以下の場合、受益者が配分を拒否するという行動が50％以上の確率で観測されました。

　ここから3つのことがわかります。

　1）配分者は**超利己的な経済人のようにふるまわない**ことです。

　2）配分者は、受益者が拒否しないように独裁者ゲームの時の**約2倍をオファー**しています。つまり配分者の提示した400円のうち、半分は利他性でも残りの半分は自身の利益のためということです。

　3）受益者は、自身の利益を犠牲にしてでも相手を罰するという非合理的な行動をとる「**負の互恵性**」が見られます。

最後通牒ゲーム

サブゲーム完全均衡

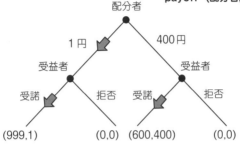

payoff=(配分者,受益者)

配分者

1円　　　　　400円

受益者　　　　　　　受益者

受諾　　　拒否　　受諾　　拒否

(999,1)　　(0,0)　(600,400)　(0,0)

最後通牒ゲームを超利己的な2人でプレイした場合、受益者は配分者から与えられる額が1円でも拒否をしないため、上図のようなサブゲーム完全均衡になる。

OK

400

600

多くの配分者は受益者が拒否しないよう独裁者ゲームの時よりも多い400円を提示し、受益者も多くがその提示を受け入れた。

NO

1

999

配分者が受益者に与える額が200円を下回ると、半数以上の受益者は拒否をする結果となった。これは「負の互恵性」という、自分が損をしてでも相手を罰する非合理的な行動である。

10 hour
Behavioral 4
Economics

あなたは
超利己的には
ふるまわない

▶ 04　信頼ゲーム

経済人の辞書に
「信頼」という
言葉はない

　最後通牒ゲームでは、受益者が自身の利益を犠牲にしてでも相手を罰する「負の互恵性」という非合理的な行動の存在が確認されました。他人からの利得に対しては自分の利益が減ってもお返しをしたい**「正の互恵性」**という非合理的な行動も存在するのでしょうか。

　信頼ゲームには、配分者と受益者の２人のプレイヤーがいます。配分者には現金1000円が与えられ、このうち、好きな金額を受益者に配分することができます。この配分額は**３倍にされて受益者に渡されます**。受益者はこのうち、好きな金額を配分者に返金することができます。したがって、信頼ゲームにおける配分者の利得は**（1000円－配分額＋返金額）**、受益者の利得は**（３×配分額－返金額）**になります。

　信頼ゲームでは、配分額の２倍が外部から注入されるため、本当なら全額を配分すると、２人の利得の合計は最大になります。超利己的なプレイヤーはどう行動するでしょう。まず、受益者は自身の利得を最大にするために返金額を０円にします。これを見越した配分者は、自身の利得を最大にするために配分額を０円にします。

　ハーグらの結果では、平均すると配分者は**約50％を受益者に配分**して、受益者はそれを３倍にした金額の約30％（配分額の約90％）を配分者に返金するというものでした。配分者の配分額が約20％の独裁者ゲームから約50％に増えたのは、配分者の利他性に加えて、受益者が自分の配分に対するお礼として返金をしてくれるという**「信頼」**があったと考えられます。一方、受益者は配分者の「信頼」に応えたくて返金をする**「正の互恵性」**があったと解釈できます。

30秒でわかる! ポイント

信頼ゲーム

信頼ゲームでは、配分者が受益者に渡す配分額(x)は、受益者の手元には3倍(3x)の額になって渡される。

受益者は、自分の手元にある3xのうち、好きな額を配分者に返金することができる。

信頼する

信頼に応える

実験では、配分者は最初に約50%を配分し、受益者は受け取った額の約30%を返金した。これは配分者には「お礼として返金してくれるはず」という受益者への信頼があり、また受益者は「配分者の信頼に応えたい」という正の互恵性があったといえる。

10 hour

Behavioral   4

Economics

あなたは
超利己的には
ふるまわない

▶ 05　意図の重要性

利己的だと
思われると
拒否されがち

　最後通牒ゲームでは、受益者が自身の利益を犠牲にしてでも相手を罰する「負の互恵性」が確認されました。経済人にとっては非合理的な行動ですが、現実の人の行動は、**配分者の意図が利己的な動機によるものなのか**が強く影響することが示唆されます。このことを精査するために、ファークらは右の4つの最後通牒ゲームを比較しました。

　もしも受益者がオファー額だけで判断しているのであれば、配分は全て20％なので拒否率は4つのゲームで等しくなるはずです。結果は表に示されています。

　まず、受益者による拒否率を比べてみましょう。

　拒否率が一番低かったのは、全額キープの選択肢があったにもかかわらず80％しかキープしなかった場合で、配分者の**利他的行動**に対する評価の証です。次に拒否率が低かったのは、配分者に選択肢がなかった **x ＝80％**の場合です。そして x ＝20％では、配分者がより魅力的な80％キープを選んでも仕方がないという受益者側の理解があるでしょう。拒否率が一番高かったのは、50％キープの選択肢があったにもかかわらず80％キープがオファーされた時で、配分者の利己的行動に対する**受益者の強い嫌悪感**があります。

　次に、配分者が80％キープの方を選んだ割合を比べてみます。拒否率と逆の順番になっていることから、配分者も自身の意図が受益者に与える影響を察していると考えられます。

　最後に、x ＝80％のゲームでは2択が同一だったため、配分者の意図はオファーからは汲み取れません。それでも18％のオファーが拒否されたということは、意図にかかわらず、結果の不平等に対して不満を持つ人もいるということです。

4つの最後通牒ゲーム

配分者は自身が与えられた金額の80%をキープ(受益者には20%をオファー)するか、それともx%をキープ(受益者には(100-x)%をオファー)するか、の2択から選択します。受益者は配分者の選択候補を知った上で、そのオファーを受諾するか拒否するかを選びます。受諾する場合は配分どおりの金額が2人に与えられますが、拒否した場合は2人とも配分額は0円になります。その際、配分者がキープする割合xの値を100%、80%、50%、20%に変えて4つの最後通牒ゲームを行いました。x=80%の場合、2つの選択肢は同等なので、実質的には配分者の選択権は存在しません。

 or

x = 100%、80%、50%、20%

結果の表

配分者がキープする割合の選択肢 (x 値)	100%	80%	50%	20%
受益者による 80% キープの拒否率	9%	18%	44%	27%
配分者が 80% キープをオファーした割合	100%	NA	31%	73%

表の2行目は80%キープが選ばれた時に受益者がそのオファーを拒否した割合が、3行目は配分者がx%ではなく80%キープを選択した割合が、xの異なる4つの値(1行目)に対して示されています。

行動経済学と類似する分野

　経済学の枠組みに心理学の要素・要因を組み込んだものが行動経済学ですが、**学術研究の主体は経済学者**です。主な関心は、現象の基となるメカニズムや理論を考察することによって、予測したり、どのように行動するべきかという規範的な指針を提示したりすることになります。

　トベルスキーとカーネマンは心理学者だったこともあって、当初は経済学からの批判・抵抗も強かったようです。プロスペクト理論で価値関数とネーミングしたのは、経済学において効用関数には厳密な定義があるからでした。

　行動経済学と類似した分野に、**行動意思決定論**と**消費者行動学**があります。実は、どちらも行動経済学より長い歴史を持っています。

　行動意思決定論は、人間の意思決定行動に関する心理学的知見を説明するための記述的な理論です。こちらは、より心理学の枠組みに根ざしており、心理学の一分野になります。1954年、アメリカの心理学者**ウォード・エドワーズ**による主観的価値と信念が意思決定に与える影響の研究から発したと考えられています。1961年には、行動意思決定論に関するエドワーズのレビュー論文が、Annual Review of Psychology に発表されました。シカゴ大学のビジネススクールに所属するリチャード・セイラーは経済学者というより、行動意思決定論の研究者として知られています。

　一方、消費者行動学は、ブランドや製品に対するイメージなどの態度形成も含めて消費者が製品購入時に行う意思決定プロセス、そして購買後の消費や一連の行動（リピート購買、口コミなどの情報発信）に関する意思決定過程を考察する分野です。1940〜50年代にマーケティング

の一分野として誕生しましたが、その後、心理学、社会学、人類学、民族文化学などの要素を組み合わせた**学際的な社会科学**に発展しました。消費者行動学も、より心理学の枠組みに根ざしていますが、研究の主体はビジネススクールのマーケティング学者です。デューク大学ビジネススクールのマーケティング教授である**ダン・アリエリー**は、消費者行動学者として有名です。

マーケティング4大トップジャーナル（Journal of Marketing, Journal of Marketing Research, Marketing Science, Journal of Consumer Research）の中で、唯一、経営的な示唆が不要であるといわれる Journal of Consumer Research は、1974年に設立され、**消費者行動の心理的側面に関する研究**を学際的な視点からカバーします。

ゲーム理論関連の分野でノーベル経済学賞を受賞した研究者

年	名前	受賞理由
1994年	ハルサニ、ナッシュ、ゼルテン	非協力ゲームの理論における均衡の分析
1996年	マーリーズ、ヴィックリー	非対称情報下での誘引の経済理論的な貢献
2001年	アカロフ、スペンス、スティグリッツ	非対称情報下の市場の分析
2005年	オーマン、シェリング	紛争と協調の理解を推し進めた貢献
2007年	ハーヴィッツ、マスキン、マイヤーソン	制度設計理論の基礎を築いた貢献
2012年	ロス、シャプレー	安定的な分配とマーケットデザインの実践に対する貢献
2014年	ティロール	市場の支配力と規制の分析
2016年	ハート、ホルムストローム	契約理論への貢献
2020年	ミルグロム、ウィルソン	オークション理論への貢献

第 2 部

人の行動の癖を
見極める：
非合理的行動の
描写

第2部で知っておきたい用語

ヒューリスティック：限られた人間の認知資源から、効率よく情報を処理するための単純化された意思決定プロセスのこと。ヒューリスティックを用いれば直観で素早く近似的な解に到達するが、間違った結論（バイアス）を導き出す場合もある。

平均への回帰：結果に偶然の要素が含まれる事象では、1回目に極端に偏った値が観測されると、2回目には1回目より平均に近い値が観測される傾向があるという統計的な現象。

フレーミング効果：人の評価・判断が、対象自体だけでなく、前後の文脈やその周りの状況にも影響されること。

ハロー効果：ある対象を評価する時に、目立ちやすい特徴に引きずられて他の特徴についての評価が歪められる現象のこと。後光効果とも呼ばれる。

サンクコストの誤謬：すでに投資してしまい回収できない費用を無駄にしたくないという思いから、損することがわかっていても後には引けずに誤った判断、選択をしてしまうこと。ある決定をしなかったことによって得られなかった架空の利益（機会費用）を考慮していない状態。

少数の法則：サンプルサイズが小さいと、単なる偶然によって極端な結果が出やすくなるが、そのようなデータに基づいて、主観的に法則性を見出してしまうこと。

社会的外部性：人は常に他人を意識して、そこから評価、態度、行動が影響されること。

身体化認知：物理的、身体的な感覚が無意識のうちに、他の本来は全く関係のないはずの認知に影響する現象。

10 hour
Behavioral
Economics
5

ヒューリス
ティックと
バイアス

▶ 01　ヒューリスティックとバイアス

お店の誘導に
乗せられず
賢く消費

　ファストフード店のレジカウンター後方に掲げられたディスプレイには、キャンペーン商品やセット商品の写真が大きく示され、単品や100円商品などの安価な商品はふつう表示されません。フルメニューはレジカウンターに置かれているため、ディスプレイにない商品を選びたい時は、自分の順番が来た後にあわてて探す必要があります。その時後ろに長い列ができていたりすると、「**早くしなければ**」とプレッシャーを感じて、結局セットを選んでしまう人も多いでしょう。

　意思決定の際に**時間的圧力**を感じると、人は直観で素早く近似的な解を導く**ヒューリスティック処理**という簡便な方略をとります。もとはプログラミングで使われていた言葉で、時間をかけて分析し最適解を選ぶ**システマティック処理**とは対照的な方略です。ヒューリスティックを使うと、厳密に吟味するのではなく、効用がおよそ最大になるセット商品を素早く選ぶことになります。通常は満足できるレベルのベターな判断になりますが、状況によっては**間違い（バイアス）**を引き起こすこともあります。

　店側はこうしたバイアスのパターンを熟知し、消費行動原理に基づいて消費者を誘惑します。単価の低い商品よりも高いセット商品を選んでもらう方が店側にとっては利益につながるわけです。だからこそ、行動経済学を学び、消費者である自分がどのような行動原理に基づいて経済活動を行っているのかを知ることができれば、マーケターの巧みな誘導に乗ることなく、**不本意な消費を避ける**ことができます。

30秒でわかる！ポイント

直観型 vs. 熟慮型 情報処理

	直観型	熟慮型
名称	ヒューリスティック処理	システマティック処理
	システム1	システム2
	経験的	合理的
	直観	推論
	周辺的ルート	中心的ルート
特徴	高速	低速
	並列的	逐次的
	自動的	制御的
	努力を要さない	努力を要する
	連想的	論理的
	情動的	理性的

セット商品

ベターな
選択で
しかない

バイアスがかかって
いて最適な選択でな
いことも

単品から選ぶ

最適なものを
ひとつひとつ
吟味して選ぶ

時間がかかるが
ベストな選択

S M L

10 hour
Behavioral
Economics
5

ヒューリス
ティックと
バイアス

▶ 02 認知錯誤

パッと見が
間違いを
引き起こす時

まずは、右の問1と問2を考えてみてください。

パッと見、右のテーブルの方が正方形に近いように見えますが、実は**2つのテーブルの縦横比は同じ**です。同様に、パッと見、右側の人物ほど大きく見えますが、**3人の大きさは同じ**です。

ここでの「**パッと見**」は重要です。もしこれが東京大学の入試問題であったら、皆さんは迷わず定規で大きさを測るでしょう。入試であればシステマティックを使い、正しい答えを導き出します。一方、「パッと見」ではヒューリスティックを使った結果、**認知錯誤**というバイアスが起きます。

人間の認知資源、情報処理能力は限られています。そのため、時間や資源の制約から、効率良く意思決定を行うために単純化された方略を使うのです。このヒューリスティックでは必ずしも最適な判断には至る保証はありませんが、通常は満足できるレベルの判断になります。ただし状況によっては、大きな間違いを引き起こす可能性があります。

認知心理学や行動経済学で研究されているヒューリスティックには、主に「**利用可能性**」「**代表性**」「**固着性**」の3つがあります。これらを簡単に表現すると以下になります。

●**利用可能性ヒューリスティック**：頭に思い浮かびやすい事象の頻度や評価を過大に見積もってしまうこと。

●**代表性ヒューリスティック**：論理や確率に従わず、事象がステレオタイプ（自分の抱いているイメージ）にどのくらい似ているかで判断してしまうこと。

●**固着性ヒューリスティック**：評価の際、出発点から目標点の間に十分な調整ができないこと。

問1：各辺に、より公平に座れるテーブルはどちらでしょう。

問2：右側の人物は左側の人物より大きいですか？

パッと見（ヒューリスティック）では認知錯誤（バイアス）が生じる

実際に測った時（システマティック）と回答が違ってくる

利用可能性
ヒューリス
ティック

▶ 01　想起のしやすさで評価

馴染みのある名前に 高評価を下しがち

　まずは、マックス・ベイザーマンとドン・ムーアの調査で使われた**アメリカの死亡原因**に関する質問を考えてみてください。

　実際の死亡者数は、上から、43万5000人、40万人、4万3000千人、2万9000人、1万7000千人なので、多い順に並んでいます。これに対して、私の授業では、死亡人数が一番多いのは「銃器」あるいは「違法薬物の摂取」と答えた学生が多かったです。どうやら日本でも頻繁に報道されるアメリカの銃社会やドラッグの実態が強く影響したようです。

　次にトベルスキーとカーネマンの実験を紹介します。

　被験者を2つのグループに分けて、同じ人数の名前が載っているリストを読ませました。1番目のグループが読んだリストには、男性の名前の方が多く含まれていましたが、知名度の点では女性の名前の方が高くなっています。反対に2番目のグループが読んだリストには、女性の名前の方が多く含まれていましたが、知名度の点では男性の名前の方が高くなっています。

　リストを読ませた後に、どちらの性別の名前の方がより多かったかを聞くと、どちらのグループの被験者も**知名度の高い名前**を含んでいた（しかし数としては少ない）性別と答えました。つまり馴染みがある名前に印象づけられて、数まで多いと判断してしまったのです。

　利用可能性ヒューリスティックを一言で表現すると**"馴染みのあるものは頻度や評価が高い"**ということになるでしょう。

アメリカでの死亡原因

1990年から2000年の間のアメリカでの死亡原因について、死亡者数が多い順番にランク付けしてください。

（　）　タバコ

（　）　粗末な食事および運動不足

（　）　自動車事故

（　）　銃器

（　）　違法薬物の摂取

日本ではアメリカの銃犯罪、薬物犯罪の報道が多い
→銃器、違法薬物を選ぶ人が多い

利用可能性ヒューリスティック：
馴染みのあるものは頻度や評価が高い

10 hour
Behavioral
Economics
6

利用可能性
ヒューリス
ティック

▶ 02　マーケティングへの応用

消費者の頭に
いかにして
入り込むか

「頻繁に接する」

「インパクトが強い」

「最近知った」

「個人的に経験した」

「具体性がある」

　このような事例は、記憶に深く残って思い出しやすいため、**「利用可能性」**が大になります。企業は自社製品やサービスに対して、消費者にこのような心象を持ってもらえるよう様々なマーケティング活動を行います。

　広告ではCMの回数だけでなく、**ブランド名の連呼**、印象深いクリエイティブやメッセージ、有名タレントの起用、あるいは一般人の身近な消費経験・レビューなどを通じて想起の容易性を高めます。そのことで、広告がより頻繁に放映されている印象を与えたり、タレントの人気が商品の人気であると錯覚させたり、実際以上に売れている印象を与えることができるのです。ブランドロゴやシンボル、CMのジングルや音楽などは、何回も見聞きすると自然と覚えてしまい、それが**ブランドや企業に対する好印象**につながります。

　ブランディングでは、マスメディア、実店舗、携帯アプリ、インターネット、SNS、公共交通、イベントなど、あらゆる機会を通じて、**消費者との接点（タッチポイント）**を持つことが重要です。

　市場調査のビデオリサーチ社は、ブランドの純粋想起を計測する**Mind-TOP**というサービスを提供しています。情報過多のIT時代には、いかに消費者の頭の中に入り込んで「利用可能性」を高めるかが、市場競争を勝ち抜くために不可欠なのです。

韻踏みの効果

次の広告フレーズを
覚えている方も多いのではないでしょうか？

セブン - イレブン：「セブン - イレブン、いい気分」

> セブン
> イレブン
> いいきぶん

味の素：「あしたのもと、AJINOMOTO」

> あしたのもと
> あじのもと

ヤマサ醤油：「ヤマサはうまさ」

> ヤマサ
> うまさ

これらはいずれも同じ音を持つ単語をつなげて
ゴロ合わせされた、リズミカルな広告フレーズです。

英語の例では、

ハインツ： 〝Beans means Heinz〟
（ビーンズ・ミーンズ・ハインツ）

> Beans
> means
> Heinz

英語と日本語の両方での例では、

インテル： 〝Intel Inside〟「インテル入ってる」

> インテル
> はいってる

> Intel
> Inside

> これらに共通する点は、発音しやすい、理解しやすい、
> 覚えやすい、好感を持ちやすいという、韻踏みの効果を
> 狙っていることです。

10 hour
Behavioral 7
Economics

代表性
ヒューリス
ティック

▶ 01　典型的特徴との類似性で判断

もっともらしい想像が引き起こす錯誤

　ある事象がどのカテゴリーに属しているかを、論理や確率ではなく、どれだけカテゴリーの代表的、典型的特徴やステレオタイプ（自分の抱いているイメージ）に類似しているかで直観的に判断することを、**「代表性ヒューリスティック」**と呼びます。まずは、トベルスキーとカーネマンが行った右の問題を考えてみましょう。

　結果は、3番目の「フェミニスト運動の活動家」が1位なのですが、驚くことに、アメリカの主要大学に通う85〜90%の学生が、8番目に提示された**「銀行員でフェミニスト運動の活動家でもある」**の方を、6番目に提示された「銀行員である」より高くランク付けしたのです。

「銀行員である」可能性と、「銀行員でかつフェミニスト運動の活動家でもある」可能性を比べたら、前者の方が高いので、確率的には間違っています。しかしリンダの人物描写を考えると、人権問題やフェミニズムに関心のある、学生運動が盛んなカリフォルニア大学バークリー校（実験を行った2人の研究者が一時、在籍していました）の典型的な学生、というイメージが沸き上がってきて、このような結果になったのでしょう。

　つまり**「もっともらしい」ストーリー**が被験者たちの頭の中で構築され、無意識に**「起こりやすさ（確率）」**で置き換えられたのです。

　この代表性ヒューリスティックから生じるバイアスは、**「連言錯誤」**と呼ばれます。

　ちなみに、この「リンダ問題」をAIに出したら、人と同じように「間違えた」そうです。AIがネット上の人間行動の情報を収集した結果と考えると、不思議ではない気がします。

問題: リンダは31歳の独身女性。外交的でたいへん聡明です。専攻は哲学でした。学生時代には、差別や社会正義の問題に強い関心を持っていました。また、反核運動に参加したこともあります。リンダの現在の姿を予想して、そうである可能性が高い順に以下の8つをランク付けしてください。

1. 小学校の先生である。

2. 書店員で、ヨガの教室に通っている。

3. フェミニスト運動の活動家である。

4. 精神医学のソーシャルワーカーである。

5. 女性有権者同盟の会員である。

6. 銀行員である。

7. 保険の外交員である。

8. 銀行員でフェミニスト運動の活動家でもある。

ベン図

「銀行員である」より「銀行員であり、かつフェミニスト運動の活動家である」方が可能性は低いはず

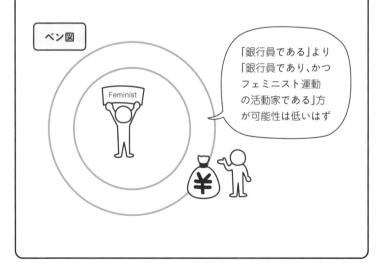

10 hour
Behavioral **7**
Economics

代表性
ヒューリス
ティック

▶ 02 　基準比率、サンプルサイズの無視

直観に頼り
確率を無視すると
間違いやすい

　以下の節では、代表性ヒューリスティックを使った結果引き起こされる、様々なタイプの間違いやバイアス（偏り）を見てみましょう。

　第2章2節の「難病の検査」では、陽性時の検査精度が90％という代表的な特徴に引きずられて、そもそも難病の確率が低いという事実が考慮されていないため、**基準比率の無視**と呼ばれます。

　次に以下の「病院の男女比」問題を考えてみましょう。

　問題：毎日、平均で、病院Aでは45人、病院Bでは15人の新生児が生まれます。男女比は約50％ですが、実際の比率は日によって変わります。1年間で、男児の比率が60％を超えた日数が多いのは2つの病院のどちらでしょうか？

　(A) 病院A、(B) 病院B、(C) どちらの病院も同じ程度

　多くの人はCと答えますが、**正解はB**です。これは、男女の人数を比率に換算すると、小さい病院の方が（分母が小さいため）より極端な値になるからです。

　この問題は、コインを繰り返し投げた時、表の回数が60％を超える確率と全く同じなので、**二項分布**を用いて統計的に算出できます。

　たとえば、3回コインを投げた時、表の回数が60％を超えることは（表3回か表2回裏1回）なので、この確率は2分の1になります。同様に、10回のコイン投げでは表の回数が60％を超えることは（表が7回以上）なので、確率は0.17です。もし3000回投げた時は、表の回数が60％を超えることは（表が1801回以上）なので、確率は100万分の1になります。

　つまり代表性ヒューリスティックを使うと、比率に焦点が行って**「サンプルサイズの無視」**というバイアスが起きやすいのです。

よくテレビ番組であるように、5人にある食品を食べ続け
てもらったら、全員、減量に成功したとか、CMで10人がサ
プリメントを飲んだらそのうち7割の人の血圧が下がった
などと謳っているのは、いずれも統計的に効果があるとは
いえません。

10 hour
Behavioral 7
Economics

代表性
ヒューリス
ティック

▶ 03　確率の誤認知

赤が出るか
黒が出るかは
常に五分五分

　まずは、右の「コイン投げ」問題を考えてみてください。

　ルーレットにおける代表的・典型的な事例を思い浮かべて、6回とも続けて「表」が出るなんてめったに起きない、と思った人はいませんか。答えは3つとも同じで、確率は全て（1/6の6乗）になります。代表性ヒューリスティックの影響から、**人は確率の概念を理解することが苦手**なのです。

　ルーレットで赤が続くと、そろそろ黒が出るはずだと思いがちです。しかし、ルーレットは今まで何が出たかという情報は使っていないので、結果は毎回、**独立に決まります**。次回、赤が出るか黒が出るかは五分五分で、過去の履歴とは無関係なのです。このような確率の誤認知から起きるバイアスを「**ギャンブラーの錯誤**」と呼びます。

　スポーツでは、バスケットボールでシュートを連続で決めるような「ノッている」「火がついた」選手のことをホットハンドと呼びます。しかしながら、北米のプロバスケットボールリーグのデータを科学的かつ統計的に分析した1985年のギロヴィチらや2003年のコーラーらの研究では、次のシュートの成功確率が直前のシュートの成否に影響していないことが確認されており、「**ホットハンドという現象はない**」と結論づけられています。それでも、名門セルティックスのある監督は、「学者がなんと言おうと、そんなことは信じないね」と言い放ったそうです。

　「ヒトが映っている」と大騒ぎになる心霊写真。ランダムパターンから存在しない規則性を見出すこと。これも、利用可能性ヒューリスティックから生じた**選択的知覚**と**確率の誤認知**との相互作用の結果です。

問題: コインを6回投げた時に、以下の結果の中で、出る確率が一番低いものはどれですか?

a) 表→裏→表→表→裏→表

1	2	3	4	5	6

b) 表→表→表→裏→裏→裏

1	2	3	4	5	6

c) 表→表→表→表→表→表

1	2	3	4	5	6

代表性ヒューリスティックを使うと、人は一見、ランダムに見える事象(a)をランダムであると判断してしまい、ランダムに見えない事象(bやc)はランダムではない、と判断してしまうのです。

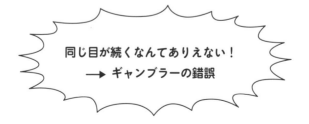

同じ目が続くなんてありえない!
→ ギャンブラーの錯誤

7

代表性ヒューリスティック

10 hour
Behavioral
Economics

7

代表性
ヒューリス
ティック

▶ 04　平均への回帰

渋滞時の
車線変更には
意味がない

　右の「車線変更」問題を考えてみてください。

　入口・出口がない所では、遅い車線からは速い車線に移動する車があるため、結局、**均衡状態**に陥ります。長い目で見ると、どの車線でも追い越される台数は平均0なのです。

　人は、未来の出来事（たとえば今年の業績）は過去の結果（昨年の業績）で代表されていると考えて、過去のデータから直接、予測できると判断しがちです。しかし**結果に偶然の要素が含まれる現象**では、1回目に極端に偏った値が観測されると、2回目には1回目より平均に近い値が観測される傾向があります。この「**平均への回帰**」を理解しないで、無駄な車線変更を繰り返す車がなんと多いことか。

　成績の低い生徒を厳しく指導して次回の成績は上がっても、それは指導の影響ではなく、平均への回帰によるものかもしれません。同様に、成績の良い生徒をほめたところ次回の成績が下がったのも、ほめたことの影響ではなく、平均への回帰かもしれません。この「平均への回帰」を十分に理解していないと、教育現場において**「しかる」効果が過大評価**され、**「ほめる」効果は過小評価**されてしまいます。

　業績が極めて優れていた企業が翌年、失速したり、パフォーマンスの低かった投資信託が急遽、盛り返したりすると、評論家は何らかの理由をつけたがるものです。しかしながら、そのような理由とは全く関係なく、単なる「平均への回帰」なのかもしれないのです。プロ・スポーツで、1年目に脚光を浴びたルーキーが翌年スランプに陥る**「2年目のジンクス」**も、実は「平均への回帰」と関連しているのです。

> 問題：渋滞している幅広い高速道路で、各車線で 1 分間に追い越された車の台数は以下でした。各車線で、次の 1 分間に追い越される車の台数を予測してください。

車線	追い越された台数	追い越される予測台数
1	5	（　　　　　）
2	−4	（　　　　　）
3	−12	（　　　　　）
4	4	（　　　　　）
5	6	（　　　　　）
6	1	（　　　　　）

> 出口のないところでは遅い車線から速い車線に移動するので最終的に均衡状態になり追い越される台数は長期的には 0 になる

過去のデータと同じような未来を予測しがちだが、「平均への回帰」で 2 回目は 1 回目より平均値に近い値が観測される傾向がある。

※平均への回帰：ある 1 つの試験結果について偏った成績（特別に良かったもしくは悪かった）の集団を対象として 2 つ目の試験（時間的には逆でもよい）の結果を見ると、その集団の平均成績は 1 つ目より 2 つ目の方が平均値に近づくという統計学的現象

7

代表性ヒューリスティック

10 hour

Behavioral

Economics

7

代表性
ヒューリス
ティック

▶ 05 連言事象と選言事象

判断ミスは
なぜ起こるのか？

　右の「複数の独立事象」問題を考えてみましょう。問1の正解は0.06％なので、**五冠王になれる確率はほとんど0**です。一方、問2の正解は73％なので、**チケットが手に入る確率はかなり高い**です。

　五冠王の問いでは各競技で勝てる確率の積を、チケットの問題では各代理店でキャンセルが出ない確率の積を1から減じるという、いずれもかけ算を頭の中で処理しなければなりません。その際、各事象の確率は典型的な値を表していると解釈して、積の見積もりがその典型値に引っ張られる代表性ヒューリスティックを動員してしまうのです。結果、人は複数の独立事象の生起確率を見積もる際、**連言事象（AND）では過大評価**、**選言事象（OR）では過小評価**をする傾向があります。

　半数以上の新製品は5年以内に市場から消えるといわれています。新製品をヒットさせるためには、企画、開発、製造、マーケティングの全ての段階を通過しなければなりません。たとえば、各段階での成功率が半々でも、それらの積である最終的な成功率は6.25％とかなり低くなります。連言事象の過大評価は、新製品の成功を楽観することにつながります。新製品以外にも、複数のハードルを乗り越える必要のあるプロジェクト全般において、連言事象（AND）の過大評価から楽観的な行動が生じます。

　これほど科学技術が進んだ現在でも、何万点もの部品が使われているロケットには発射の失敗がよく見られます。各部品の故障率が0.001％でも、部品が10万点あれば、そのうちの**どれか1つが故障する確率は63.2％**にもなります。選言事象の過小評価から、各部品の信頼基準が不足していることは十分考えられます。

30秒でわかる！ ポイント

問1: 5つの競技で勝てる確率は、30%、25%、15%、20%、25%です。五冠王になれる確率は？

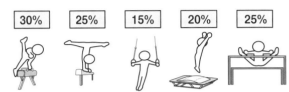

| 30% | 25% | 15% | 20% | 25% |

問2: 5つの代理店でのキャンセル待ち航空券が手に入る確率は、30%、25%、15%、20%、25%です。あなたがチケットを買える確率は？

| 30% | 25% | 15% | 20% | 25% |

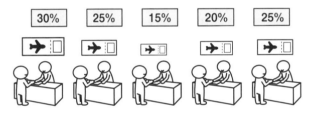

問1では大きく見積もりすぎ、問2では小さく見積もりすぎる

問1：正解：0.06%
　　　(AND) なので各確率をかけ算で計算する→
　　　0.3×0.25×0.15×0.2×0.25=0.0005625　→約 0.06%

問2：正解：73%
　　　(OR) なのでキャンセルが出ない各確率(1からキャンセルが出る確率を引いたもの)をかけ算し、それを全体の確率1から引く→
　　　0.7×0.75×0.85×0.8×0.75=0.26775≒0.27　1−0.27=0.73→73%

▶ 01　**アンカリングとプライミング**

参考価格が
実売価格を
安く感じさせる

「評価の際、出発点から目標点の間に十分な調整ができない」という
固着性ヒューリスティックにも様々な種類があります。まずは、カー
ネマンの実験を紹介しましょう。

　問2の結果は、ルーレットで「10」という数字が出た被験者らが、
国連でアフリカ諸国が占める割合は平均して25％だと回答したのに対
して、「65」が出た被験者らの回答は平均して45％でした。つまり、
回答がルーレットの値に引っ張られているのです。他の研究者が行っ
た同様の実験でも、質問を聞く前に自身の電話番号の下2桁を答えさ
せると、回答がその数値に影響されることが確認されています。

　このように、提示された数値や情報が頭の中で**基準点**（「10」か
「65」）となって、そこから十分な調整ができずに、判断に影響を与え
てしまうことを「**アンカリング効果**」といいます。印象がイカリのよ
うに心の中に留まって、新たな情報が入ってきてもその印象が少しし
か動かないからです。その中でも時間的に先行する刺激（アンカー）
によって、その後の判断が無意識のうちに影響されてしまうことを
「**プライミング効果**」と呼びます。国連でアフリカ諸国が占める割合
の実験は、ルーレットの値がプライミングでした。

　マーケティングにおけるアンカリング効果の例としては、商品に
記載されている**希望小売価格**や**参考価格**が挙げられます。これらがアン
カーとなって、実売価格を安く感じさせる効果があります。また、
フリーマーケットや屋台の価格交渉では、最初に法外な価格をふっか
けてくることがあります。これはプライミング効果を狙ったものです。

30秒でわかる！ ポイント

カーネマンの実験

被験者には0から100までの数字が書かれたルーレットを回してもらいます。実はこのルーレットは必ず10か65に止まる仕掛けになっています。止まった数値を見た後で、次の質問に答えてもらいました。

問1 国連でアフリカ諸国が占める割合は、今見た数字よりも大きいか小さいか？

問2 国連でアフリカ諸国が占める割合は何％か？

問2の結果

10 が出た人の平均 → アフリカ諸国は25%です

65 が出た人の平均 → アフリカ諸国は45%です

アンカリング効果	提示された数値や情報が頭の中で基準点（「10」か「65」）となって、そこから十分な調整ができずに、判断に影響を与えてしまうこと

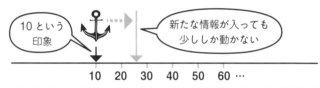

10という印象

新たな情報が入っても少ししか動かない

10 20 30 40 50 60 …

プライミング効果	時間的に先行する刺激（アンカー）によって、その後の判断が無意識のうちに影響されてしまうこと

マーケティングにおけるアンカリング効果の例

希望小売価格 1500円 → 実売価格 **1000円**

わっ安い〜

▶ 02　フレーミング効果

何を強調するかで
モノの売れ方は
変わる

　このように、人の評価・判断は、対象（たとえば該当商品の価格）
に対する選好だけでなく、周りの状況（他商品の価格など）にも影響
されるため、アンカリングも含めてより広く「**フレーミング（文脈）
効果**」と呼ばれます。

　この節では、対象以外の商品の有無によって人の選択が変わると
いうフレーミング効果を検証したフーバーらの実験を右に紹介しま
す。

　被験者が超合理的であれば、選択肢が多いほど、そこからある製
品を選択する確率は下がる「**正則性**」を満たすと考えられます。

　では、結果はどうだったでしょう。6カテゴリーの製品Aの平均
シェアの変化を見ると全て正の値になりました。つまり、正則性が破
綻しています。選択肢が2から3に増えたのにもかかわらず、Aの
シェアが増加しているのです。その理由は、2つのフレーミング効果
の影響だと考えられます。

　レンジ効果：Aの弱い属性（品質）に対して、それより劣った商
品をおいて、Aの劣位を和らげる。

　→ 弱い属性のレンジを拡大して目立ちにくくする妥協効果。

　フリクエンシ効果：Aの強い属性（価格）に対して、それより劣っ
た商品をおいて、Aの優位を目立たせる。

　→ 強い属性をフリクエンシの増加で強調する魅力効果。

　さらにこの結果から、2つのことが分かります。まず、レンジ効
果の方がフリクエンシ効果より大きいことです。そして2つの効果を
混ぜると（製品位置RF）、1つの属性での優位、劣位の比較が難しく
なって、効果がぼやけてしまいます。

30秒でわかる！ポイント

フーバーらの 実験	実験：153人の学生に対し、ビール、レストラン、車など6つのカテゴリーにおいて、低品質・低価格Aと高品質・高価格Bの2つの製品を説明する。そして、

1）AとBに対応する製品カードを見せて選択させる。
2）Cを加えて再び選択させる。
3）（1）と（2）でAのシェアを比較する。

わかりやすいように、製品A、B、Cを　品質と価格の属性空間（原点から離れるほど優れている）にプロットしました　R,R*、F、RFは、それぞれ追加された製品Cの位置を表します。表には製品Cの追加前後の製品Aのシェアが記載されています。

■ Huber 他(1982)の実験における属性空間

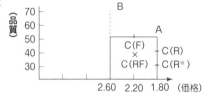

■ 製品 C の追加による製品 A のシェアとシェアの変化（単位：%）

	C 追加前	C の位置			
		R	R*	F	RF
ビール(1)	43	63	—	—	35
ビール(2)	57	75	—	67	—
6 製品平均の シェアの変化	—	+13	+12	+8	+4

 レンジ効果

まずい
ビール ＞ もっと
まずい
ビール

Aの弱い属性（品質）に対して、それより劣った商品をおいて、Aの劣位を和らげる

 フリクエンシ効果

安い
ビール ＞ 高い
ビール

Aの強い属性（価格）に対して、それより劣った商品をおいて、Aの優位を目立たせる

レンジ効果　＞　フリクエンシ効果

10 hour
Behavioral
Economics

8

固着性ヒュー
リスティック

▶ 03　確証バイアス

思い込むと
他の可能性を
排除してしまう

　固着性ヒューリスティックでは、数字に限らず、「**自分が好きなも
の・価値観（世界観）・信念・第一印象**」のような**観念**もアンカーに
なりえます。

　右の問題では、提示される図によって回答が大きく異なります。左
図のように、真ん中の文字をアルファベットだと思い込んだり、真ん
中の図のように数字だと思い込んでしまったりすると、他の可能性が
見逃されてしまうのです。

　人は本能的に、**自身を（否定より）肯定したがる特性**があって、そ
れに大きく反する事例でも見かけない限り、特に疑念を持ちません。
観念を肯定する証拠は積極的に受け入れたり意図的に探したりしま
すが、反証の追加探索には気後れして、提示された反証は安易に受け
入れない傾向が見られます。

　たとえば「**赤ワインを飲むとコレステロール値が下がる**」を強く
信じているとしましょう。すると、そのような友人や有名人を思い浮
かべて自身を納得させても、あえて赤ワインを飲んでいてもコレステ
ロール値の高い人を思い出したり、赤ワインを飲まない人たちのコレ
ステロール値を比較しよう、としたりはなかなかしません。固定観念
がアンカーとなって、その結果、見たいものだけを見て、聞きたいも
のだけを聞く行動を生み出してしまうのです。このように、たったひ
とつの解釈しか考えずに、他の可能性の存在には気付かずに判断する
ことを「**確証バイアス**」と呼びます。つまり、選択的知覚による偏っ
た情報で判断して「**わかったつもり**」になってしまうのです。

確証バイアス

ひとつの解釈しか考えずに、他の可能性の存在には気づかずに判断すること

問題 真ん中の文字をどう読みますか?

12
ABC 13   ABC 12
14   14

「赤ワインはコレステロール値を下げる」という強い信念を持っていると、2×2テーブルの1セルの情報だけで判断しがちになります。本来は残りの3セルのデータも比較・検証に用いるべきなのです。

	コレステロール値が低い	コレステロール値が高い
赤ワインを飲んでいる		
赤ワインを飲んでいない		

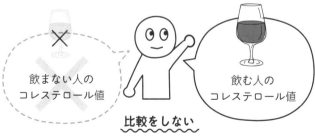

飲まない人の
コレステロール値

飲む人の
コレステロール値

比較をしない

▶ 04　後知恵バイアス

結果の後からは
何とでも言える

　殺人事件のニュースで目撃者のインタビューが放映されても、ふつうは特に疑いもしないでしょう。しかし後日、その人が容疑者として逮捕されるなどすると、「**インタビューで不自然だったな**」「怪しいと思ったんだ」などと考えることはよくあります。

　結果が起きてから、「そうなるのはわかっていたんだ！」と、それが予測可能だったと考えてしまうことを「**後知恵バイアス**」と呼びます。これは、ある出来事の結果を知ると、事象が起きる前に、そうなったであろう可能性を思い起こす時、結果に引っ張られて記憶が歪められてしまうために起きます。実際に起こった結果と合致する証拠は利用可能性が高く、合致しない証拠は検索されにくいという確証バイアスの一種です。

　代表的な後知恵バイアスは「**プラシーボ効果**」です。最近、体調が優れないので、あなたは高価な栄養ドリンクを2～3日、飲みました。風邪であれば、実際の効果の有無にかかわらず、数日もすれば体調は回復するでしょう。しかし、あなたは**1本1000円もした栄養ドリンクの効果**を強く信じています。そこで確証バイアスが働き、効果があることを積極的に見出すことになるのです。体調が良くなった場合は、何が効いたのかなと振り返って、栄養ドリンクを飲んだことを思い出します。一方、体調に変化がなかった場合でも、悪化するのを防いでくれたと**都合良く考えてしまう**のです。

　ニュースのコメンテーターは、視聴者が納得するようなストーリーを結果から後付けで作り上げて上手に解説する能力に優れています。これも視聴者の後知恵バイアスを増強することにつながっています。

後知恵バイアス

結果が起きてから、それが予測可能だったと考えてしまうこと

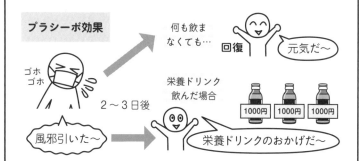

プラシーボ効果は医学的にも確認されています。そのため、新薬の効果を検証する際には、効用を含まない偽薬（プラシーボ）と新薬をそれぞれ、ランダムに割り当てられた2つの患者のグループに与えて結果を比較します。実際に薬の効用がなくても、人は服用しているという事実（知識）のみから生理的な影響を受けるからです。

▶ 05　ハロー効果

「人は見た目が9割」には理由があった

　人物や状況の評価において、ある側面を高評価すると、知らない側面まで高く評価して、全体を判断する傾向はありませんか？　たとえば、ルックスの良い政治家は能力が高い、面白いコメディアンは性格もいい、好業績の企業は従業員にやさしいなど、ポジティブな一側面をもって**全体をポジティブと判断**したり、逆にネガティブな一側面をもって全体をネガティブに判断したりすることがあるでしょう。

　これは、白黒のはっきりした単純な世界をこしらえて意思決定を簡単にする固着性ヒューリスティックの一種です。「**ハロー効果**」とは、ある対象を評価する時に、**目立ちやすい特徴（後光）**に引きずられて他の特徴についての評価が歪められる現象のことで、「後光効果」とも呼ばれます。

　ハロー効果を示した実験を紹介しましょう。

　被験者に様々な現代技術（車、原子力発電など）に対する好き嫌いとメリット、リスクを列挙してもらいました。すると、**好きという人たちはメリットを多く、リスクを少なく答え**、逆に**嫌いという人たちはメリットを少なく、リスクを多く答える**傾向が見られました。つまり「それについてどう考えるか？」（メリット・リスク）が「自分はそれが好きか？」（好き嫌い）で置き換わってしまったのです。

　次に、これらの技術の好感度を上げる情報を提示すると、その情報がメリットの高さである場合はリスクまで低く評価され、逆に情報がリスクの低さである場合はメリットまで高く評価されることが分かったのです。本来、メリットとリスクは全く別物なのですが、ハロー効果によって**負の相関**が観測されたのです。

30秒でわかる! ポイント

ハロー効果

ある対象を評価する時に、目立ちやすい特徴（後光）に引きずられて他の特徴についての評価が歪められる現象のこと

キリッ ピカーッ

一票お願いします

なんか能力高そ〜!

ポジティブな一側面で全体をポジティブと判断

→白黒のはっきりした世界を作り、意思決定を簡単にする固着性ヒューリスティックの一種

車嫌いな人

メリット **少**
・便利

リスク **多**
・事故にあう
・人を傷つけるかも
・お金かかるかも
・車こわれるかも

車好きな人

リスク **少**
・危ないかも…

メリット
多
便利!
速い!
楽!
カッコいい!

マーケティングでは、ブランド・イメージやブランド拡張にハロー効果が応用されています。エレクトロニクス分野において SONY は革新的なイメージを持たれていますが、他業界への波及効果を期待してソニー損保やソニー銀行などは、あえてソニーの名前を残しています。

▶ 06　自己奉仕バイアス

いい結果は
自分のおかげ、
悪ければ誰かのせい

　好景気の時は自身の政策が成功したからだといい、景気が悪い時には経済のせいにする政治家は、いつの時代にもいます。成功を自己の内面的または個人的要因に帰属させ、失敗を外部要因に帰属させる**「自己奉仕バイアス」**も確証バイアスの一種です。特に自信過剰な人は、無意識のうちに「自己奉仕バイアス」にはまってしまう傾向があります。

　ダイエットでうまくいかないと、自身のセルフコントロールが足りなかったことは棚に上げて、「今使っているサプリが悪いんだ」**「もっと高い商品なら効くかもしれない」**と、より高い商品を買ったりしませんか？　もしかしたら自己奉仕バイアスに陥っているかもしれません。まずは自分を疑うことから始めましょう。

　一般的に、**有能な人ほど「確証バイアス」の影響を受けやすい**といわれます。たとえば科学者の例を考えてみましょう。ある細胞を発見すべく何十年も研究を続けていると、実験結果を完全に中立的な立場で判断することが難しくなってきます。その細胞の存在を支持する実験結果は疑いもなく受け入れて、実験の不手際などは深く検討されない傾向があります。一方、細胞の存在を否定する実験結果が得られた時は、自分は何か実験でミスをおかしたのではないかと、徹底的に追及します。実は、まだ色に染まっていない**初心者の方が、公正な判断ができる**こともあるのです。

　同様のケースは優秀な経営者も当てはまります。**過去の成功体験に固着**してしまい、さらにその傾向を後知恵バイアスと自己奉仕バイアスが強める結果、客観的な判断ができなくなった著名な経営者が何人いることやら。

自己奉仕バイアス

成功を自己の内面的または個人的要因に帰属させ、失敗を外部要因に帰属させること。確証バイアスの一種。

自信過剰な人ほど「確証バイアス」の影響を受けやすい

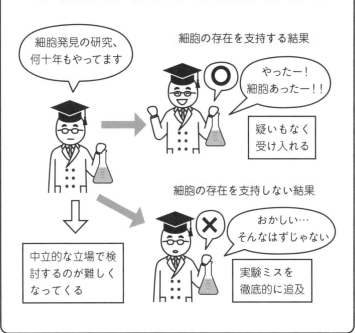

▶ 07 優越の錯覚

自信があるのは、
悪いことでは
ないけれど

　A氏は出会い系サイトを通じて数え切れないほどデートをしていますが、毎回うまくいきません。彼の言い訳は「自分がかっこよすぎて相手と不釣り合いだからだ」ですが、傍から見るとこれは単なるナルシストでは……。

　他人と比較して**自分のポジティブな資質や能力を過大評価**し、ネガティブな資質や能力を過小評価することで自信過剰に陥り、自分は平均より優れていると思い込むことを「**優越の錯覚**」と呼びます。これも確証バイアスの一種です。

　アメリカのある研究によると、ドライバーの88％が自分の運転スキルは平均以上だと思っているそうです。他の研究では、ネブラスカ大学の教授陣の68％は、自分の教育能力がトップ25％だと思っていることが分かりました。さらにショッキングなのは、このような「優越の錯覚」に陥っている人に限って、**自分はそのようなバイアスに影響されない**と強く信じる傾向があるということです。

　自信過剰に陥ると、株の売買やギャンブルなどが止められなくなったりする危険性があります。ソーシャルゲームにはまってしまう人の特徴を統計的に分析した研究では、依存性に影響を与える要因は、**射幸心**（「レアなものが当たった時の興奮を味わいたい」など4項目）、**幸運の知覚**（「自分がゲームを始めると、いつもラッキーなことが起こる」など3項目）、**ゲームスキルへの自信**（「考える力が必要なゲームは得意だ」など4項目）の順に強かったことが確認されています。幸運の知覚とゲームスキルへの自信は、まさに優越の錯覚です。

優越の錯覚

他人と比較して自分のポジティブな資質や能力を過大評価し、ネガティブな資質や能力を過小評価することで自信過剰に陥り、自分は平均より優れていると思い込むこと

A氏

デートだ

またふられた……

僕がかっこよすぎて相手と不釣り合いだからだ!

ドライバー

オレの運転はサイコーだ

88%の人が自分の運転スキルは平均以上だと思っている

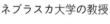

ネブラスカ大学の教授

私の教育は素晴らしい!

68%の人が、自分の教育能力がトップ25%だと思っている

ある程度の自信過剰や優越感は、人が未来の可能性を信じて目標に向かっていくために必要だと考えられています。この逆が、人よりも劣っていると思うコンプレックスで、やる気が失せたうつ病患者に多く見られる症状です。しかし優越感が強すぎると、他者を劣っていると見下す行動や発言をしてしまうので注意が必要です。

▶ 01　普通が無難で安心―極端の回避

オトリ商品を
置くと消費者を
誘導しやすい

　カレーを注文する時、激辛か激甘の２種類しかなかったら、どちらを選びますか？　激辛、普通、激甘の３種類があれば、選択は楽ですよね。人は極端を回避したがるため、選択肢が３つあると真ん中を選ぶ傾向があります。「激辛」は辛すぎるけれど「激甘」では刺激が少なすぎるから、無難な「普通」にしておこうという考えです。

　この**極端の回避効果**を利用する売り手は、バージョンを２つではなく３つ以上作り、**売りたいものを真ん中に持ってきます**。たとえば、ある寿司屋では２種類の盛り合わせ、「竹」と「梅」を提供していて、現状、これらの注文は半々だとします。ここに、より高品質・高価格な「松」を提供することによって、「松」を選ぶ客がほとんどいなくても、「梅」に対して「竹」を注文する客の割合が増えるのです。

　「梅」より「竹」の注文を増やすよう、第３の商品を提供する場合、第８章２節のフレーミング効果を使うこともできます。

A）レンジ（妥協）効果を生み出す「竹プラス」

　「竹プラス」は「竹」と中身（品質）は同じですが、食器を高級にしたり「期間限定」を名乗ったりすることによって、より高価になっています。図１は、価格軸と品質軸のマップ上に３つの寿司を描いたものです。「竹プラス」は賢い消費者には選ばれないため、無関係な選択肢、つまりオトリ商品となります。

B）フリクエンシ（魅力）効果を生み出す「梅プラス」

　図２のように、「梅プラス」は「梅」と中身（品質）は同じですが、食器を高級にしたり「期間限定」を名乗ったりすることによって、「竹」と同じ価格になっています。ここでは「梅プラス」がオトリ商品です。

30秒でわかる! ポイント

人は極端を回避したがる

激辛	普通	激甘

ふつうで
おねがい
します

寿司屋

「梅」と「竹」の2種類だと……　　　高品質・高価格な「松」を投入

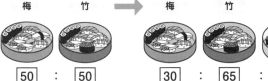

梅	竹		梅	竹	松
50	50		30	65	5

注文は半々　　　　　　　　「松」を選ぶ人は少なくても、
　　　　　　　　　　　　　　「竹」の注文が増える

オトリ商品の文脈効果

図1 妥協効果

「竹」の「梅」に対する弱みは高価格なことですが、「竹」と同品質でさらに弱みが大きい「竹プラス」が存在することで、「竹」の弱みが和らぐレンジ効果を狙っています。

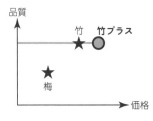

図2 魅力効果

「竹」の「梅」に対する強みは高品質なことですが、「竹」と同価格なのに品質が低い「梅プラス」が存在することで、「竹」の強みが引き立つフリクエンシ効果を狙っています。

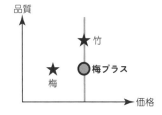

▶ 02 コンコルド効果

今さら止めるに
止められない

「すでに投入して回収不能の費用」のことを、「**サンクコスト（埋没費用）**」と呼びます。

　すでに投資した金銭、労力、時間を無駄にしたくない思いから、損することが分かっていても後には引けないと誤った判断、選択をしてしまうことです。つまり「**今止めると、もったいない！**」と思って、余計、その先の損失を増やしてしまうのです。さらに問題なのは、サンクコストが大きければ大きいほど止めづらくなるため、この誤謬が大きくなってしまうことです。

　この代表的な例がコンコルド開発なので、「**コンコルド効果**」とも呼ばれます。コンコルドの開発途中には超音速旅客機の様々なデメリット（高騒音、燃費の悪さ、長い滑走路の必要性など）が出てきたため、賠償金などを払っても計画を中止した方が良かったにもかかわらず、開発は継続されました。その結果、本来250機で採算がとれるところ16機しか製造されず、**大きな損失**を生み出したのです。

　サンクコストの誤謬は、八ッ場ダムのように日本の公共事業でも見られます。身近な例では、年会費を支払ってしまったため、他にもっと有意義なことに時間を使えるのに義務感から行くスポーツクラブ、完成に関心がなくなったのに惰性で購読を続けているデアゴスティーニの模型、元をとろうと苦しくなるまで食べ続けるビュッフェ、あと1つで景品がもらえるという理由で必要ない買い物をしてしまうスタンプカード、**損切りのできない株**など、これらは全て「今止めたらもったいない」と考えて、逆に損失が拡大する例です。

30秒でわかる! ポイント

サンクコスト 「すでに投入して回収不能の費用」のこと

コンコルド開発時…… → 大きな損失に！

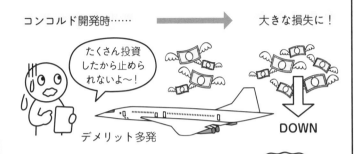

デメリット多発　DOWN

サンクコストの誤謬の理由

「損失回避性」 すでに投資したので捨てられない
「現状維持バイアス」 投資を始めてしまったので惰性により、
　　　　　　　　　　　なかなか止められない
「単純接触効果」 同じモノやコトに接触する回数が
　　　　　　　　増えるにつれ、その対象に対して
　　　　　　　　愛着、好印象を持ってしまう
「自己正当化」 当初の判断ミスの責任から逃れるため
「自信過剰」 この時点で判断を覆して自分の失敗を認めたくない
「評判の維持」 自尊心を傷つけられたくない

サンクコストの誤謬を防ぐには

この誤謬にはまらないためには、何よりも冷静な判断によって引き際を
決めることです。コンコルドのような巨額な損失例が多々見られるよう
に、これは言うは易し行うは難しです。そのためには、

ー過去のことは忘れて気持ちをリセットし初心に返る
ー第三者の立場で客観的に考える
ー自身の失敗を恥じずにこれを教訓とする
ーあらかじめ計画中止のルールや投資の限度（金融投資の場合）を決める

などがあるでしょう。

▶ 03　自前主義バイアス—イケア効果

あなたにとって
価値があっても、
他人にはどうか？

　サンクコストに関連して「**イケア効果**」と呼ばれる自前主義バイアスを紹介しましょう。

　昔、アメリカの食品メーカーが、**水を加えて混ぜて焼くだけでいいパンケーキミックス**を発売しましたが、あまり売れませんでした。その理由は、料理があまりにも簡単なので、周りから手抜きをしていると見られることを主婦たちが心配したからでした。そこでメーカーは、ミックスから卵と牛乳の成分を除いて、それらを後から加えるようにレシピを変更した製品を売り出したら、**爆発的に売れた**そうです。皮肉なことに、手間を増やすことによって、手作り感、オリジナル感が加わり、製品が支持されたのです。

　他の例として、料理や模型などのキット、「たまごっち」のような**キャラクターの育成ゲーム**、道具や武器などのアイテムをアバターに配備する**コンプガチャ**などが挙げられます。

　イケア効果は、自分用にカスタマイズされた成果物や対象に対する愛着が、自身が投入した労力、時間、費用というサンクコスト効果をさらに増強させる現象です。人として当然の心理ですが、自身が手を加えたものは他人にとっても同様に**価値が高いと錯覚してしまう**ことは、いくつかの問題を起こします。

　たとえば、大金をかけて自分好みに自宅をリノベーションしたが、売却時に高すぎる価格を付けてしまい、なかなか売れない。また、自身が苦労・工夫して完成させたプロジェクトの成果を実際以上に高く評価してしまい、周りから理解を得られない、などです。企業戦略では、本来、外注すべきなのに、意味のないプライドから内製化を進めた結果、大きな損失をはらんだ例があります。

イケア効果・自前主義バイアス

自分用にカスタマイズされた成果物や対象に対する愛着が、自身が投入した労力、時間、費用というサンクコスト効果をさらに増強させる現象

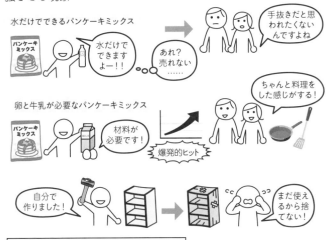

水だけでできるパンケーキミックス

手抜きだと思われたくないんですよね

あれ？売れない……

水だけでできますよー！！

卵と牛乳が必要なパンケーキミックス

ちゃんと料理をした感じがする！

材料が必要です！

爆発的ヒット

自分で作りました！

まだ使えるから捨てない！

自前主義バイアスをうまく活用する

イケア効果に陥らないためには、サンクコスト効果と同様、過去の投資にとらわれずに現時点でいったんリセットをかけて、第三者の立場で客観的に判断を下すことです。

逆に自前主義バイアスを利用して、組織の中で従業員のモチベーションを高めることも可能です。会社において分業は効率的ですが、達成感が得られにくいというデメリットがあります。なるべく全てのプロセスに携わっている、と感じさせるような仕組みを取り入れれば、従業員の士気が上がります。命令という形で経営陣が直接的に指示するかわりに、それを従業員自身が解決策として発案したように仕向ければ、それをやりとげようと一生懸命になるのです。自分で考える、アイデアを出す、工夫をする、これらを奨励、促進することは、作業効率だけでなく従業員の充実感や満足度を高めることにつながります。

▶ 04　少数の法則

極端なデータは
サンプルサイズの
小ささなのかも

「日本にある1724の市町村で大腸ガンの出現率を調べたところ、出現率が低い市町村の大半は人口密度の低い田舎でした」

　これは事実ですが、あなたはこの統計結果から何を思いますか？「田舎は水や空気がきれいで新鮮な食材が手に入り、ストレスも少ないから**ガンになりにくい**のだろう」と結論づけたりしませんか？

　次の統計結果も事実です。

「日本にある1724の市町村で胃ガンの出現率を調べたところ、出現率が高い市町村の大半は人口密度の低い田舎でした」

　すると今度は「田舎は飲酒率や喫煙率が高くて質の高い医療を受けにくいから、**ガンになりやすい**のだろう」と思ったりしませんか？

　私たちは、出現率の高低を田舎のもっともらしい要因で説明してしまいがちですが、実は本当の理由は、**田舎の人口が少ないから**なのです。田舎はサンプルサイズが小さい（＝人口が少ない）ため、その出現率は**極端に高かったり低かったりする**ことが起きやすいのです。

　このように、**スモールサンプル**に基づいて主観的に法則性を見出してしまうことをトベルスキーとカーネマンは**「少数の法則」**と呼びました。これは、第7章2節で紹介したサンプルサイズの無視（病院の男女比の例）に確証バイアス（思い込みによる主観的な理由付け）が加わったものです。

　皆さんも「最近の若者は……」「今時の女子高生は……」「おばさんってやっぱり……」などと、たまたま見聞きした数人から少数の法則によって主観的に判断していませんか？

少数の法則

スモールサンプルに基づいて主観的に法則性を見出してしまうこと

1724の市町村中、大腸ガンの出現率が
低いのは人口密度の低い田舎でした

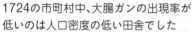

水や空気がきれい
でストレスが
少ないんだろうな

1724の市町村中、胃ガンの出現率が高
いのは人口密度の低い田舎でした

飲酒や喫煙率が高くて
質の高い医療も
受けにくいからだろう

ガンの発生率の解説

1724の市町村の中には189の村が含まれており、人口の一番少ない村
はたかだか20人です。もし真のガンの出現率が10%だった場合、この
村で、その統計値が0%(つまりガン患者は20人中0人)になる確率は
12.2%(= 0.9 の 20 乗)もあります。しかし統計値が0%になる確率は、
100人の村では0.0027%、1000人の村では限りなくゼロになります。

同様に、真のガンの出現率が10%だった場合、人口20人の村で、その
統計値が20%(つまりガン患者は 20 人中 4 人)以上になる確率は
13.3%もありますが、人口が100人の村では0.2%、1000人ではほぼゼ
ロになります。

▶ 05 ピークエンドの法則

終わり良ければ
全て良し!?

　記憶に基づく経験の評価が、ピーク（最良か最悪）とエンドの印象によって決まることを「**ピークエンドの法則**」といいます。

　右の図は、カーネマンの実験の中で、大腸内視鏡検査を受けている２人の患者ＡとＢに、検査中に感じた痛みを10段階で時系列に評価してもらったものです。検査終了後に、再度、全体の苦痛経験を評価してもらいました。どちらの患者がより苦痛を感じたと答えたでしょう。

　患者Ｂは最初の８分間、Ａと同程度の痛みを感じ、かつ検査がその後も16分間にわたって続けられました。しかしより苦痛だったと答えたのは、**痛みの総量（斜線の面積）**がＢよりはるかに少ないＡでした。

　ピークの痛みはＡ、Ｂで同程度なのですが、Ｂのエンドの苦痛はＡより弱くなっています。つまり、苦痛の経験を記憶に基づいて評価する際、ピークとエンドの苦痛が、他の時点と比べて大きな重みを持つ一方、苦痛の持続時間はほとんど影響を及ぼさなかったのです。エンドの影響が大きいことは**親近性効果**とも呼ばれます。

　ピークエンドの法則は、様々な場面で見られます。

　花火大会を思い出してみましょう。映画やショーなどのエンターテイメントでは、**クライマックス**と**ラストシーン**が全体の評価を決めるといっても過言ではありません。遊園地のライド、２時間の辛い待ち時間も２分間のピークとエンドの経験で全て忘れ去ります。

　危機管理においても、ピークとエンドの印象は重要です。不祥事が最悪のピークだとすれば、誠実な対応と迅速な問題解決によってエンドに信頼回復ができれば、逆に企業への好印象につながります。

ピークエンドの法則

> 記憶に基づく経験の評価がピーク（最良か最悪）と
> エンドの印象によって決まること

花火大会

すごーい

映画

感動した

クライマックスとラストシーンが全体の評価を決める

カーネマンの実験

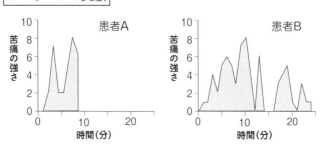

検査時間は、患者Aは8分間、患者Bは24分間

（出　典）Redelmeier, D. A., & Kahneman, D. (1996). "Patients' memories of painful medical treatments: Real-time and retrospective evaluations of two minimally invasive procedures," Pain, 66, 1, 3-8.

9

その他のバイアス

10 hour
Behavioral **10**
Economics

その他の
ヒューリス
ティック

▶ 01　**タイムプレッシャー**

早く決めたい時に
判断を誤りやすい

時間的圧力があると、人はヒューリスティックを用いて意思決定を簡単にしようとします。消費者行動の研究では、以下の2つの方略を使うことが知られています。

A）メリット・デメリットのトレードオフを計算する補償型意思決定ではなく、**特徴（属性）別にスクリーニング**をする非補償型意思決定を使う。

B）商品間の違いを重視するため、**選択肢のユニークな特徴（属性）**に重みを置いて、共通な特徴に対しては注意を減らす。

補償型意思決定とは、ある属性で劣っていてもそれ以外の属性で優れていれば効用が補われ、選択肢の中で一番高い効用を持つものが選ばれるというルールです。単純な例では、商品のパフォーマンスが低くても、価格が十分安ければ効用が高くなる「**コスパ**」が挙げられます。一方、**非補償型意思決定**は、自分が必要と思う属性を持たない商品はどれだけ価格が安くても選ばないというルールです。

したがって時間的圧力下では、選択肢間で異なる属性を重視し、非補償型意思決定を用いるため、**誤った意思決定をする可能性**があります。

たとえば、ユニークな特徴がポジティブで、共通な特徴がネガティブな商品群から選ぶ場合であれば、ユニークな特徴を過大評価した衝動買いが起きやすくなります。家電量販店で、似たような特徴を持った4Kテレビの中で購入を決めかねている時に、営業パーソンが「**今、○○ブランドで決めるなら1万円引きます**」と提案したとしましょう。数ある選択肢の中で、この1万円引きがポジティブでユニークな特徴となって過大な影響を与え、購買に踏み切ってしまうのです。

30 秒でわかる！ ポイント

時間的圧力があると……

A　補償型意思決定ではなく非補償型意思決定を使う

補償型
意思決定とは

ある属性で劣っていてもそれ以外の属性で優れていれば効用が補われ、選択肢の中で一番高い効用を持つものが選ばれる

スマホ

A　・とても安い
　　・容量少ない
　　・カメラ性能低い

B　・普通
　　・容量普通
　　・カメラ性能普通

C　・高い
　　・容量多い
　　・カメラ性能高い

補償型意思決定の場合

Aで!!
コスパ重視

非補償型意思決定の場合

Cで!! カメラが良くないといやだ!!

非補償型
意思決定とは

自分が必要と思う属性を持たない商品はどれだけ価格が安くても選ばない

B　商品間の違いを重視するため、選択肢のユニークな特徴（属性）に重みを置いて、共通な特徴に対しては注意を減らす

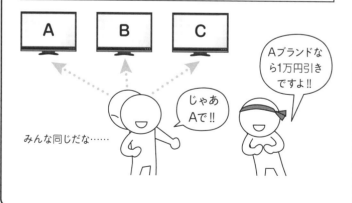

みんな同じだな……

じゃあ
Aで!!

Aブランドなら1万円引きですよ!!

10 hour
Behavioral
Economics
10

その他の
ヒューリス
ティック

▶ 02　情報オーバーロード

あふれる情報から正しい選択をするために

　超合理的にふるまう経済人を仮定する経済学では、情報は多ければ多いほどよいことになります。しかし、現実の人間の認知資源は限られているため、情報が多すぎる状況ではヒューリスティックの使用から、今まで見てきたような様々なバイアスが発生して、**最適解から逆に遠ざかる**こともあります。

　特にネット社会になってからは、世の中に流通する情報量が飛躍的に増えたため、情報過負荷の問題が深刻です。その結果、複数の情報源を同時に低関与（直観型）で処理する**「ながら」接触**、まとめサイトやランキングサイトなどの**「要約情報」の重視**、マスメディアより口コミなど**「私的なメディア」への過剰信頼**、といった情報処理行動が見受けられます。そしてこれらの情報を、利用可能性ヒューリスティックや代表性ヒューリスティックを用いて、評価、判断し、行動の基礎にしてしまいがちです。

　選択肢は多ければ多いほどいいと思っていませんか？　超合理的であれば確かにそうですが、**人間の情報処理能力には限界があります**。選択肢の数が多すぎると、意思決定の負荷が大きくなったり、選択に失敗した時の後悔を恐れたりして、選択行動自体を保留することが知られています。

　たとえば心理学者**シーナ・アイエンガー**の著書『**選択の科学**』で有名なジャム実験では、6種類を用意した場合、試食に来た人のうち30%が購入しましたが、24種類の場合には、試食に来た人のうち3％しか購入しませんでした。彼女は、人が進んで選ぼうという気になって、その結果に満足できる選択肢の数は**5〜9**と主張しています。

情報オーバーロード

経済学では、情報は多ければ多いほどよいとされているが……
ネット社会で情報量は増加

「ながら」接触

まとめサイトやランキングサイト「要約情報」の重視

マスメディアより
口コミ
「私的なメディア」
への過剰信頼

情報過負荷の問題が深刻

利用可能性ヒューリスティックや代表性ヒューリスティックを用いて、評価、判断し、行動の基礎にしてしまう

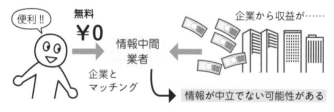

便利!!

無料
¥0

情報中間
業者

企業と
マッチング

企業から収益が……

情報が中立でない可能性がある

先送りの心理：情報過負荷の影響

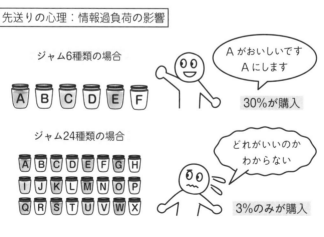

ジャム6種類の場合

A B C D E F

A がおいしいです
A にします

30％が購入

ジャム24種類の場合

A B C D E F G H
I J K L M N O P
Q R S T U V W X

どれがいいのか
わからない

3％のみが購入

10 hour
Behavioral **10**
Economics

その他の
ヒューリス
ティック

▶ 03　社会的外部性

人は他人の目を気にして消費する

　人は常に他人を意識して行動しています。人と人の相互作用は「**社会的外部性**」と呼ばれ、ネット上の口コミや SNS の影響から、近年、その重要性はますます、高まっています。

　経済学者カール・レーベンスタインの1950年の論文「消費者需要理論におけるバンドワゴン効果、スノッブ効果、およびヴェブレン効果」では、「モノの価値が他人との比較に影響される」消費の外部性という概念が示されました。**バンドワゴン効果**は「人が持っているもの、人気のあるものが欲しい」という正の外部性効果、**スノッブ効果**は「他人と同じものはいや」という負の外部性効果、**ヴェブレン効果**は「価格が高いものを所有して自慢したい」自己顕示性を表します。

　第１章１節で紹介した価格のもつ３つの心理的意味「経済的な痛み」「プレステージ」「品質のバロメーター」のうち、２つ目の意味がヴェブレン効果です。VIP 待遇やレッドカーペット、商品であれば高級車やブランド品などの**高価格や特別感から得られる効用**が該当します。

　人と同じものを避けようとする心理がスノッブ効果です。広告のキャッチフレーズ「人と違う」「**他人とかぶらない**」「あなただけの」は、すべてスノッブ効果を狙ったものです。

　一方、「**人気 No. 1**」、「売れ筋 No. 1」、「話題の商品」、「皆が使っている」はバンドワゴン効果を喚起しています。より一般的に、自分の考えを周囲に合わせたり、周りの人と同じ行動をとったりすることで安心を得ようとすることを、「**同調効果**」、あるいは「**ハーディング現象**」と呼びます。

30 秒でわかる！ ポイント

社会的外部性

バンドワゴン効果	スノッブ効果	ヴェブレン効果
人気No.1	話題の商品	高級車

みんな持ってるから欲しい!!

みんな持ってるからいらない!!

僕の車すごいでしょ〜

10
その他のヒューリスティック

心理学における同調効果の実験

1951 年に報告されたアッシュの有名な同調実験を紹介しましょう。まず、実験室に学生 8 人を集めますが、このうち 7 人は「サクラ」で真の被験者は 1 人だけです。次に参加者に 2 つの図を見せます。図 A には 1 本の線が描かれており、図 B には長さの異なる 3 本の線が描かれています。そして、まずサクラ 7 人、最後に被験者に対して 1 人ずつ、図 B の 3 本の線の中で図 A の線と同じ長さのものを答えさせます。3 本の線の長さは明確に違っていて、誰が見ても答えは明らかです。線の長さを少しずつ変えながら 18 回の実験が行われ、その内 12 回は、7 人の「サクラ」が全員、同じように間違った線を解答しました。その結果、被験者が「サクラ」に同調して不正解の線を選んだ確率は、約 3 分の 1 でした。また、同調して一度でも間違った線を選んだ被験者の割合は 75％にも上りました。人の同調効果を悪用したのがステルス・マーケティングの数々です。

図A　　図B

ステルス・マーケティングの例

1. 行列の「並び屋」
2. パチンコの「オトリ」
3. イベント・ライブを盛り上げる「サクラ」
4. 健康関連の「ヤラセ」
5. 有名人のブログやツイートにおける商品紹介

10 hour
Behavioral **10**
Economics

その他の
ヒューリス
ティック

▶ 04 感情ヒューリスティック

気分がいいと
衝動買いに走る

　直観型の意思決定では、情報処理や評価・選好が感情に影響されやすくなります。ここでは対象とは無関係な要因から生じた感情を「**気分（mood）**」と呼んで、対象（商品）に由来するイメージや好感度と区別します。一般的に社会心理学では、気分を正と負の2方向に大きく分けて、それらが情報処理や対象への評価にどう影響するかを分析します。

　情報処理に関しては、負の気分では、状況に問題があることを想起させて、努力を要する**論理的かつ分析的な熟慮型を発動させる傾向**が強くなります。一方、正の気分では、状況を楽観的に捉えるため、努力を要さない連想的かつ経験的な直観型を用いることが多くなります。つまり、気分がいい時は、気分が悪い時に比べて対象をあまり吟味しません。さらに、正の気分は中立の気分に比べて、物事の本質的な内容ではなく、その**周辺的な手がかりに基づいて判断する**ことが確認されています。

　評価に関しては、負の気分より正の気分の方が、対象に対して高い好感度を持ちます。これはヒューリスティックによる直観型の判断によって、外的に誘発された気分の原因が対象によるものであると誤って帰属されるからで、**感情一致効果**といいます。実際、誘発された気分が対象と無関係であることを（ヒントを与えて）強制的に意識させたり、対象のことをよく考えるよう熟慮型の発動を促したりすることによって、評価に対する気分の影響が弱まります。

　不本意な衝動買いを避けるには、購買状況において、**今の気分が何に起因するのか**、そしてそれが商品と関係しているのか、をよく考えることが重要です。

感情ヒューリスティック

| 負の気分 | 状況に問題があることを想起。努力を要する論理的かつ分析的な熟慮型を発動させる傾向 |

> この商品はあれと比べるとこうで、ここが優れてないから止めておいた方がいいな

| 正の気分 | 状況を楽観的に捉える。努力を要さない連想的かつ経験的な直観型を用いる傾向 |

> あれもいいし、これもいいし、全部買おう〜

| 感情一致効果 | 負の気分より正の気分の方が対象に対して高い好感度を持つ |

負の気分　　　　　　　　　　　正の気分

> この商品は良くない!!

> とっても素晴らしい商品です!!

身体化認知

　横向きのペンを奥歯に挟んで無理やり笑顔をつくりながら読むと、つまらない漫画でも面白く感じるそうです。刺激を受けることで身体的変化が起き、それに伴って情動が変化する**「表情フィードバック」**という現象は、数々の研究で検証されています。

　ウィリアムズとバージのサイエンス誌に掲載された研究によると、温かいコーヒーカップを持った被験者は、他人を「温かい」「フレンドリー」と評価する傾向があるそうです。

　ボディタッチは、他者への親近感を高める古典的な手段です。やわらかいソファに座った被験者の方が、硬い木の椅子に座った被験者よりも、交渉姿勢（価格交渉において受け入れる金額）がより柔軟であったという研究もあります。

　人は、**視覚、聴覚、触覚、味覚、嗅覚**の五感から、色、音、形状、手触り、温度、重さなどの様々な刺激を感じます。自分は理性的に判断、行動していると思っていても、環境的な要因や物理的刺激から生じた感覚が、関係のない事象に対する判断、行動に影響することがあります。

　物理的、身体的な感覚が無意識のうちに、他の本来は全く関係のないはずの認知に影響する現象は**「身体化認知（embodied cognition）」**と呼ばれます。この分野では、その他、たとえば色が違うと味覚にどのような影響があるのかのように、視覚と味覚など異なる感覚間の相互作用、高級感を訴求するには車のドアを開閉する際の重さや音をどうするべきかのような、抽象的な概念を具体的な刺激で比喩する**「概念メタファー」**などの研究が進められています。

感覚マーケティング

　身体化認知を体系的に商品や広告に応用したものが、**感覚マーケティング**です。

　感覚マーケティングは、視覚、聴覚、触覚、味覚、嗅覚の「五感」を駆使し、認知や記憶といった脳内の情報処理プロセスに影響を与え、商品・サービスの購買などの行動変容を促すものです。

　ミシガン大学のアラドナ・クリシュナは、「**消費者の感覚に訴えることによって、彼らの知覚、判断、そして行動に影響を与えるマーケティング**」と定義しています。

　たとえば、高級レストランでの食事には、料理のおいしさという味覚のほかにも、盛りつけの美しさやテーブル上の配置などの視覚、店内の上品なアロマを感じた嗅覚、生演奏の音楽などの聴覚、クロスや食器の質感などの触覚と、**五感をフル活用**して体験しています。このような体験を効果的に応用したものが感覚マーケティングなのです。

　ハラーらは4つの異なる色の容器に入ったポップコーン（甘い味または塩味）を被験者に試食してもらい、青色や赤色の容器に入っている塩味のポップコーンが甘く感じられる傾向にあることを発見しました。この他にも、食器や照明あるいは食材そのものの色や食器の材質によって味覚が異なってくることを見出した研究は多数存在します。また、視覚と聴覚など、**味覚以外の複数の感覚による相互作用**に焦点を当てた研究も多数行われています。

第**3**部

非合理的な人の
行動の理由を知る：
非合理的行動の
メカニズム

第3部で知っておきたい用語

認知的不協和：個人が持つ複数の認知（態度、信念、行動）の間に矛盾が生じていること。人はその矛盾を解消しようと、解釈や行動を変える傾向がある。

二重過程理論：人は情報処理に関して直観型と熟慮型2つのタイプを使い分けるという理論。

スキーマ一致効果：新たな刺激が外から入ってきた際、それがスキーマと「ほぼ一致」や「極端な不一致」の時よりも「適度な不一致」の時に、情報処理の量が最大になること。

プロスペクト理論：意思決定は、まず「編集段階」、そして「評価段階」によってなされるという理論。編集段階では、適切な選択肢を認識し、参照点を決定する。評価段階では、損得に対する感じ方は「価値関数」によって、不確実性に対する感じ方は「確率加重関数」によって、それぞれ評価されて、最適な選択肢が決定される。

心理会計：同じ金額でも、それが属する「心理的口座」によって価値が違って感じられ、その結果、使い方も変わってしまうこと。

取引効用理論：モノ・サービスの売買からもたらされる満足度（全体効用）は、製品を購入したことで得られる価値「獲得効用」とお得に買えたかを評価した「取引効用」の和になるという理論。

内的参照価格：価格の高低を判断するため、消費者が頭の中に抱いている基準価格のこと。文脈、社会的公平性、消費者の知識、外的参照価格などに影響を受けて形成される。

解釈レベル理論：人の対象や出来事に対して感じる心理的距離の遠近によって、精神的表象（解釈）が異なるという理論。心理的距離が遠い場合は、抽象的、本質的、目標関連的な高次の解釈がなされる一方、心理的距離が近い場合には、具体的、副次的、手段関連的な低次の解釈がなされる。

▶ 01　認知的不協和

心の中の葛藤を
解消する行動

　自身の思考や行動と矛盾する認知を抱えている状態を「**認知的不協和**」と呼びます。心理学者レオン・フェスティンガーの1957年の著書では、この不協和から生じる不快感を解消させたいがために、人は「矛盾する認知の定義を変更、あるいは過小評価する」や「自身の態度や行動を変更する」と考えられています。

　認知的不協和の例として、まずはタバコに関する2つの矛盾する要因を考えてみましょう。

（認知）**タバコは健康に悪い**　（行動）**私はタバコを吸う**

　このような状況で不協和を解消するためには、以下の3つの選択肢が考えられます。

　1）「タバコの健康リスクはそれほど高くない」と**認知を変える**。

　2）「タバコはストレス解消になり人生にプラスになる」と態度を変えて、タバコを喫う**行動を自己正当化**する。

　3）タバコを喫う**行動を変えて禁煙**する。

　日常の経済活動の例としては、**衝動買い**が挙げられます。たとえばある商品をつい買ってしまったものの、よくよく考えると、果たしてそれは本当に必要だったのかと疑問を感じることは、認知的不協和です。その際に発生する不快感を解消すべく、「いずれ必要になるものだし」「安く買えたのだから」などと認知を変えたり、商品を返品する行動に出たりします。一方、認知的不協和が解消されない場合は、その購買経験に対する**満足感の低下**につながります。

30 秒でわかる! ポイント

顧客の認知的不協和を減らす企業のマーケティング活動

訳あり商品

認知的不協和:
安いから欲しい、でも、安物買いの銭失いでは?

企業のメッセージ:
いい商品を理由があって安く買えたのです。
あなたの選択は正しかったのです!

自分へのご褒美

認知的不協和:
とても欲しい、でもちょっと高価すぎてローン
で買うのは罪悪感を覚えるなあ

企業のメッセージ:
あなたは頑張っているのだから、たまには贅沢
をしてもいいんですよ!

ランキング

売上 No.1 モデル

認知的不協和:
良さそうだから、買ったけれど、本当に買って
よかったのかな?

企業のメッセージ:
多くの人が買っています。あなたの選択も正し
かったのです!

値引きクーポン

認知的不協和:
得かなと思ったけれど、必要なかったかも

企業のメッセージ:
クーポンで安く買えたのだから OK でしょう

**量販店の
最低価格保証**

¥178,000
他店で1円でも安い店が
ありましたらご相談ください

認知的不協和:
安いと思ったけれど、もっと安い店があったの
では?

企業のメッセージ:
最低価格保証されているのだからここが最安

▶ 02　二重過程理論

場面に応じて
「直観」と「熟慮」
を使い分け

　人はどういう状況で、経験的なヒューリスティック処理による意思決定や合理的なシステマティック処理による意思決定を行うのでしょうか？　これに答える一連の研究が、人は情報処理に関して**直観型**と**熟慮型**、２つのタイプを使い分けるという**二重過程理論**です。

　システム１とシステム２は行動経済学者トベルスキーとカーネマンによって有名になりましたが、分野（特に心理学や消費者行動学）や背後にある理論によって、第５章１節の表のように様々な名称がつけられています。

　どちらのタイプを使うかは、主に情報処理の**動機（関与）**と**能力（知識）**によって決まることが提唱されています。この先、一生勤めることになるかもしれない就職先では、最高の選択をしたいという関与が強いため、熟慮型を使います。一方、一時の空腹を満たすハンバーガーに関しては、選択に失敗したところでそれほど深刻な問題ではないため、直観型が用いられるでしょう。また、知識の違いから情報処理のタイプが変わることもあります。たとえば、ハンバーガーにどのような選択肢があるのかを十分知らないなどすると、結局、「**一番人気**」を選んだりしませんか？

　二重過程理論の中でも、消費者行動学において代表的なものが「**精緻化見込みモデル（ELM）**」です。ELMでは、右図のように動機と能力のレベルが高い場合のみ、脳の資源を多く使う**中心的ルート**で精緻な情報処理が行われ、意思決定は分析的（合理的）になります。それ以外の場合、脳は**周辺的ルート**を用いて簡略化した情報処理や意思決定が行われます。

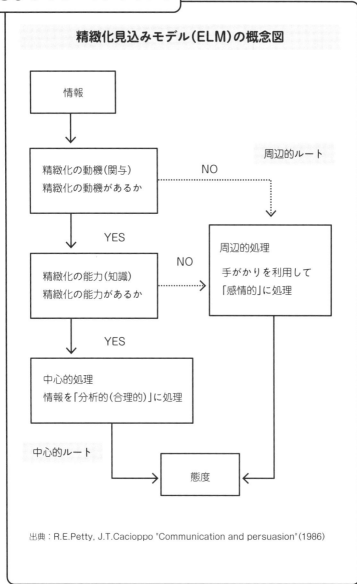

精緻化見込みモデル(ELM)の概念図

情報

↓

精緻化の動機(関与)
精緻化の動機があるか

NO ·····→ 周辺的ルート

↓ YES

精緻化の能力(知識)
精緻化の能力があるか

NO ·····→ 周辺的処理

手がかりを利用して
「感情的」に処理

↓ YES

中心的処理
情報を「分析的(合理的)」に処理

中心的ルート

→ 態度 ←

出典：R.E.Petty, J.T.Cacioppo "Communication and persuasion"(1986)

11

情報処理のメカニズム

▶ 03　スキーマ一致効果

新製品は
目新しすぎると
選ばれにくい

　熟慮型と直観型のどちらを使うかは、情報を処理する人の特性である動機（関与）と能力（知識）以外に、処理する情報の特徴（外部刺激）にも影響されることが分かっています。

　人が記憶している様々な情報や知識は、それらの相関関係や因果関係に基づいて「**スキーマ**」と呼ばれる意味的ネットワークを形成しています。これは大ざっぱにいうと、私たち自身が頭の中に抱いているイメージのことです。

　新たな刺激が外から入ってきた時、それがスキーマとどのくらい整合性があるか（一致度）によって脳の活動量が変わってきます。不一致であればあるほど驚きをもたらすために、注意のレベルは高くなります。一方、理解しようとする努力（情報処理）の量は「適度な不一致」の時に最大となる**逆U字型**になります。「**ほぼ一致**」の場合は予想どおりなので認知努力の必要が少なく、逆に「**極端な不一致**」の場合はあまりの違いから理解する努力を諦めてしまうのです。

　消費者行動学者マンドラーは、「**適度な不一致**」な認知状態は人の情報処理プロセスにおいて精緻化（熟慮型思考）を促すという「**スキーマ一致効果**」を提唱しました。既存製品を改良した新製品に比べて、革新的な新製品は一般的に約1/4の確率でしか選択されないと言われています。その理由のひとつとして、消費者が革新的新製品の機能・特徴を既存の製品カテゴリーと「極端な不一致」とみなすため、製品コンセプトを理解する努力（情報処理）をしなくなり、購入をためらってしまうことがあります。

スキーマ一致効果

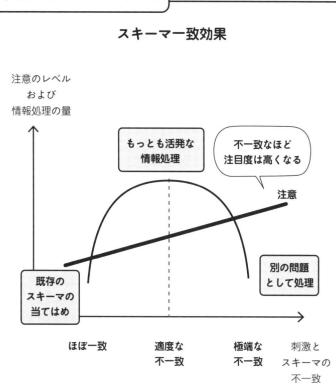

注意のレベル
および
情報処理の量

もっとも活発な
情報処理

不一致なほど
注目度は高くなる

注意

既存の
スキーマの
当てはめ

別の問題
として処理

ほぼ一致　　　適度な　　　極端な　　刺激と
　　　　　　　不一致　　　不一致　スキーマの
　　　　　　　　　　　　　　　　　不一致
　　　　　　　　　　　　　　　　　レベル

「極端な不一致」な商品(革新的な新製品)に対しては、
製品コンセプトを理解する努力(情報処理)を
しなくなるので消費者が購入をためらう。

11

情報処理のメカニズム

129

▶ 04　透明なコーラがだめな理由

あと一歩で
「適度な不一致」に
変えられたかも!?

　アメリカ市場ではコカ・コーラと熾烈なシェア争いをしているペプシコーラですが、かつては7UPからも透明で不純物ゼロをアピールした "Uncola" という広告スローガンで攻撃を受けていました。そこでペプシは1992年にカフェインフリーの無色透明なコーラ **CRYSTAL PEPSI** を販売したのですが、評判が悪く、わずか1年で**販売中止**に追い込まれてしまいました。消費者には、刺激的な黒い炭酸飲料であるコーラと、純粋なイメージを持つ透明との**ミスマッチ**が受け入れられなかったのです。

　人の頭の中には、「**コーラは黒くて刺激的なソフトドリンク**」というスキーマがあるため、透明なコーラが入ってくると「**極端な不一致**」を引き起こします。もし、この「**極端な不一致**」を「**適度な不一致**」に変えることができれば、消費者の情報処理量が増える結果、CRYSTAL PEPSI に対する消費者の理解が進んで、製品評価や受容可能性を高めることができます。

　そこで「透明」と結びつきの強い言葉、たとえば「**天然水**」で意味づけをしてやると、「適度な不一致」に変わって、「透明なコーラもありだよね」と消費者が感じるようになるのです。このような「意味づけ」のことを心理学の用語では「**イネーブラー（enabler）**」と呼びます。イネーブラー（天然水）は、革新的な機能・特徴（透明）の存在を意味的に肯定することによって、天然水でできているならコーラでも透明である、という**カテゴリー一貫性**をもたらします。

　もし CRYSTAL PEPSI が天然水から作られていたら、消費者は受け入れていたかもしれません。

カテゴリー一貫性とイネーブラー

カテゴリー	カテゴリー　革新的特徴
COLA	COLA　透明
革新的特徴	イネーブラー
透明	天然水
極端な不一致	適度な不一致 （カテゴリー一貫性）

11

情報処理のメカニズム

緑のコーヒー実験

　ノーズウォティーらは、ビタミン入りコーヒーという「極端な不一致」な製品に対するイネーブラーの効果を検証しました。ビタミンは野菜と意味的に強い結びつきがあるため、彼らは野菜の「色」を**イネーブラー**として使いました。実験では、ビタミン入りコーヒーのうち、緑色と赤色を処置群、黒色を対象群として、それぞれの製品への評価（受容度）を測定することにより、イネーブラーとしての「色」が不一致度を和らげるかを検証しました。

　対象群の黒いコーヒーでは、ビタミン入りコーヒーは通常のコーヒーと比べて評価が有意に低かったのですが、**緑**や**赤**のコーヒーではビタミン入りコーヒーの方が評価は高くなりました。つまり、ビタミンと意味づいた色である緑や赤をイネーブラーとして提示することによって、コーヒーにビタミン入りも「**あり**」（**カテゴリー一貫性**）だと理解が促進されたのです。

黒い通常のコーヒー　　　　緑の通常のコーヒー　　　　赤い通常のコーヒー
黒いビタミン入りコーヒー　緑のビタミン入りコーヒー　　赤いビタミン入りコーヒー

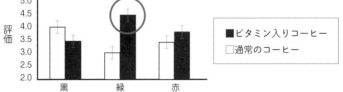

■ビタミン入りコーヒー
□通常のコーヒー

日用品の購買行動

動機（関与）と**能力（知識）**のレベルが消費者のブランド選択行動に与える影響を情報処理過程の違いから類型化したものが下の図です。まず、知識が豊富な消費者はブランド間の差異を知覚します。さらに関与が高い場合は、ブランド間の違いを様々な観点で分析・評価して、それらのトレードオフ（バランス）から購買ブランドを決めるような**複雑な情報処理**を行います。関与が高くてもブランド間の違いを認識していない場合は、どのブランドを買えばよいか分からないので、後で選択を後悔しても言い訳ができるように、とりあえず人気の一番高いものを買う傾向があります（**認知的不協和の低減**）。関与が低い場合はカテゴリー自体に無関心です。そのため、どの商品も同じようだと感じている場合には習慣的に「いつも」のブランドを選び（**慣性型購買行動**）、商品間に違いがあることを認識している場合には色々なブランドを買い回す**バラエティ・シーキング行動**が見られます。

関与と知識のレベルがブランド選択行動に与える影響

		消費者の関与レベル	
		高	低
ブランド間知覚差異	大	複雑な情報処理を伴う購買行動	バラエティ・シーキング行動
	小	認知的不協和の低減	慣性型購買行動

出典：Assael (1987)

▶ 01　価格に対する心理的反応

値上げには敏感
値下げには鈍感

　ふつう、価格が上がると満足度が下がります。経済学では満足度のことを「効用」と呼び、多くの分析では、価格に対して効用が線形に下がる**効用関数**を仮定します。しかし実際には、人は価格に対して非線形に反応することが心理学でも裏づけられています。

　ａ）まず消費者は、頭の中に抱いている**参照価格**を基準に、価格の高い・低いを評価します。参照価格に関しては取引効用理論の章で詳細に説明しますが、外的刺激や環境、その人の知識や過去の経験などから導かれたその商品の基準価格のことです。この現象の存在を裏づけるのが、人は周りのレベルに適応するという**順応水準理論**です。

　ｂ）参照価格近辺では価格の違いに鈍感な**受容域**が存在します。価格が参照価格から一定以上乖離して受容域を超えた場合にのみ、損失や利得を知覚します。これは、**同化対比理論**で裏づけられます。

　ｃ）同じ価格の違いであれば、人は利得よりも損失に強く反応します。価格が100円下がった時の喜びより100円上がった時の痛みの方が大きく感じられるのです。これは、人間の**損失回避**という心理で支持されます。

　これら３つの現象をまとめると、価格に対する効用（効用関数）は右のグラフで近似できます。効用関数は参照価格の近辺では平らで、価格がある閾値を超えると（**損失**）効用が下がり出し、価格がある閾値より安くなると（**利得**）効用が上がり出します。そして、効用関数の負の傾きは利得より損失の部分で大きくなります。損失と知覚される区域の傾きは、利得と知覚される区域の傾きの約2.5倍ということが、多くの実験で確かめられています。

30 秒でわかる! ポイント

価格に対する心理的な反応

利得 ～～～～～～～～ → 価格

受容域　損失

参照価格

> 利得よりも損失の方に
> 強く反応する

※Makoto Abe, Journal of Retailing Vol.74, No.4 1998

ビジネス上のインプリケーション

・参照価格は買う場所で異なる

120 円　　　　150 円　　　　99 円

・値引きが小さいと消費者は反応しない

105 円→103 円　　　　105 円→98 円

・値上げは受容域を超えない範囲で徐々に行う

99 円　105 円　120 円　　99 円　120 円

▶ 02　プロスペクト理論の概要

価値関数と
確率加重関数に従い
意思決定する

　トベルスキーとカーネマンが提案したプロスペクト理論は、第2章で紹介した期待効用アノマリーや主観的確率アノマリーなどを説明できる解決策の中でも、特にシンプルで汎用性が高く、行動経済学の中では代表的な理論です。一般的には不確実な状況における意思決定のメカニズムに関する理論と紹介されますが、実は**確実性下の意思決定にも有用な知見**をもたらします（第12章6節参照）。

　プロスペクト理論では、意思決定がまずは**編集段階**、そして**評価段階**と2ステップで行われます。編集段階では、意思決定のための前処理として、支配される選択肢（dominated alternatives）が排除され、自身の選択肢を認識して、損得を判断するための基準となる参照点が決まります。次の評価段階においては、参照点からの損得の度合いを表す**価値関数**と、不確実性を主観的に表す**確率加重関数**に基づいて選択肢を評価します。そして最終的には、一番高い効用をもたらす選択肢が選ばれます。

　参照点の形成には、環境、過去の経験や記憶、将来の予想、周囲や外部の刺激、願望、社会規範、など様々なものが関連しています。たとえば、価格の参照点である参照価格であれば、目の前の**店頭価格**、**過去に見た価格**、**セール期間中の価格**、希望小売価格、友人の購入価格、競合製品の価格などが関係してきます。そして、参照点の形成は順応水準理論とも整合性があって、意思決定者の信念や第8章で見てきたようなフレーミング効果も含めた環境要因が反映されます。

プロスペクト理論　意思決定のプロセス

ステップ1　編集段階

意思決定の前段階で、前処理といわれる。
自分に与えられた選択肢を認識して基準となる「参照点」が決まり、
次のステップ「評価段階」に進む。文脈に影響される。

月給20万円

30万円の時計
は高すぎる

前処理

参照点＝20万円

¥300,000

ステップ2　評価段階

(損) 20万円落とした

20万円
の貯金が
出てきた

(得)

損得を勘定する

宝くじ

当たりそう！
確率を計算する

価値関数

編集段階で決定された参
照点を基準に各選択肢の
損得を評価するステップ。

確率加重関数

選択するにあたって、関係のあ
る各事象がどのくらいの確率
で起こるかを考えるステップ。

行動の決定！

購入

編集段階と評価段階を経て、どの選択肢が
自分にとってもっとも効用（満足度）が高く
なるかを判断し、最終的にその行動をとる。

▶ 03　損得の感覚：価値関数

失った時の方が
得た時の喜びより
２倍以上悲しい

　まず、右の２つの問を考えてみましょう。

　ＡとＣの最終的な富は、50％の確率で20万円、50％の確率で10万円と全く同じです。同様に、ＢとＤどちらでも、確実に15万円を得ることができます。しかしながら多くの実験で、問1ではＢを、問2ではＣを選ぶという**非合理的な判断**が確認されています。問1では５万円が利得と知覚された結果、確実性が好まれてＢが選ばれています。一方、問2では５万円が損失と知覚された結果、賭けに打って出るＣが選ばれています。つまり、同じ最終結果をもたらす意思決定問題でも、参照点によって（問1では10万円、問2では20万円）、利得の領域で選択肢を評価すると**リスク回避的**になり、損失の領域で選択肢を評価すると**リスク追求的**になるのです。

　このようなリスク選好を考慮して、効用関数（トベルスキーとカーネマンは価値関数と呼びました）に図のような非線形を仮定します。この価値関数が意味することは、３つあります。第１に、人は価値の判断において、金額の絶対値ではなく参照点からの乖離として相対的に利得、損失を知覚するということです。第２に、利得の区域ではリスク回避的に知覚するため**凹型（concave）**、損失の区域ではリスク追求的に知覚するため**凸型（convex）**になります。第３に、損失の区域の傾きは利得の区域の傾きより大きい損失回避を仮定しています。

　カーネマンらは、**損失の傾きは利得の傾きの約2.25倍**であると主張しています。つまり、１万円を失う悲しみは１万円を得る喜びの2.25倍強いということです。

問1: あなたは、まず10万円をもらったうえで、次のどちらを
　　　選びますか?

A) 50%の確率で10万円をもらう。
B) 確実に5万円をもらう。

問2: あなたは、まず20万円をもらったうえで、次のどちらを
　　　選びますか?

C) 50%の確率で10万円を失う。
D) 確実に5万円を失う。

価値関数のグラフ

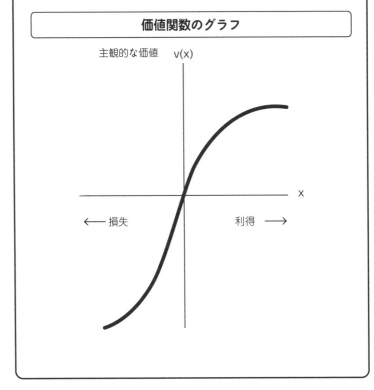

主観的な価値　　v(x)

←── 損失　　　　　利得 ──→

12

▶ 04　主観的確率：確率加重関数

人はなぜ
宝くじを買うのか

人は一般的に、確率が低い事象（例：宝くじで1等が当たる）を実際以上に高い確率で起きると見積もり、確率が高い事象（例：航空機が墜落しない）は実際より低い確率でしか起きないと見積もる傾向があります。プロスペクト理論では、人間の確率に対する主観的な知覚を右の**確率加重関数**で表現しています。

横軸は実際の確率（客観的確率）、縦軸は知覚される確率（主観的確率）なので、2つの確率が等しい場合は45度の直線で表されます。**小さい確率は過大評価**され、**大きな確率は過小評価**されています。そして実際の確率が約0.35の時、主観的確率と一致することが、様々な研究で確認されています。客観的確率が0と1に近い場合、つまりほぼ不可能な時とほぼ確実な時に、主観的確率との乖離が大きくなっています。

このような主観的確率が、人のリスクに対する態度と行動にどう影響するのでしょうか。まず、低確率は過大評価されるため、結果が利得の場合は賭けに出る傾向（**リスク追求**）があります。この代表例が宝くじです。逆に結果が損失の場合は、リスクを嫌がり賭けを避けます（**リスク回避**）。この代表例が保険や延長保証です。

次に、高確率は過小評価されるため、結果が利得の場合は賭けを避ける傾向（リスク回避）があります。安泰がほぼ約束されている定年に近い管理職に就いていると、さらに業績を上げようと冒険をする人は少ないでしょう。逆に結果が損失の場合は、それを過小評価するため賭けに出ます（リスク追求）。負けを取り戻そうと泥沼にはまるギャンブルや株がこれに該当します。

確率加重関数のグラフ

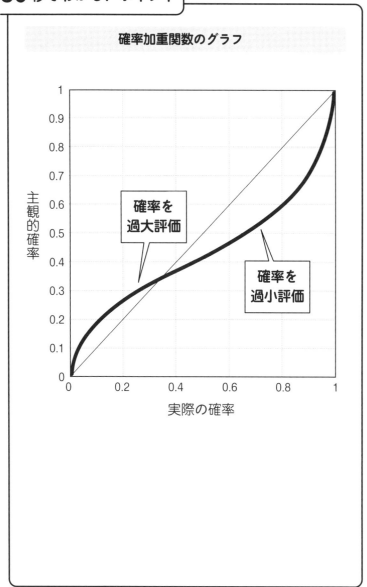

主観的確率

確率を
過大評価

確率を
過小評価

実際の確率

▶ 05　選択肢の評価

保険が人気の理由は
人のリスク回避性と
損失回避性のせい

　プロスペクト理論による意思決定プロセスは、次のとおりです。

　まず**編集段階**で、支配される選択肢が排除されて、意思決定者の特性や環境要因から**参照点**が決まります。次の**評価段階**では、各事象の効用が価値関数に基づいて算出されます。そして、それら事象の不確実性に応じて**主観的確率**で重みづけることによって、それぞれの選択肢への評価が決まります。最後に、一番高い効用をもたらす選択肢が選ばれます。

　最終的なリスク選好は、**価値関数**と**確率加重関数**の双方からの影響の度合いで決まります。価値関数では、利得領域でリスク回避、損失領域でリスク追求になりますが（第12章3節）、主観的確率からの影響が大きいと、右の表のようにリスク選好が逆になる場合もあります。

　たとえば宝くじでは、確率加重関数によって当選確率を過大評価する結果、留保価格が実際の期待値より高くなって購入に踏み切る人（リスク追求的）が出てきます。

　一方、損害では、確率加重関数によって損害確率を過大評価する結果、損失額が実際の期待値以上に感じられ、より高額の保険に加入する人（リスク回避的）がいます。

　もちろん、保険が人気の理由はそれ以外にもあります。ひとつは**利用可能性ヒューリスティック**です。病気になった時に保険で救われたシーンを CM で見るなどすると、記憶に鮮明に残るため、そのような事象が実際以上に起きやすいと解釈されがちです。さらに人間が持つ**損失回避性**も強く働いて、保険の需要が一層増えるのです。

主観的確率から生じるリスク選好と それに対応する行動の例

		確率
		低（<0.35）
結果	利得	**追求** （宝くじ）
	損失	**回避** （保険、延長保証）

▶ 06　確実性における意思決定

利得は小出しにもらうと満足感が高まる

　価値関数によると、不確実性下では、**利得の領域ではリスク回避的、損失の領域ではリスク追求的**になります。同様に、価値関数の形状は限界効用の逓減を意味しているため、正の方向でも負の方向でも、金額が大きくなるほど効用の変化が鈍化します。このことは、不確実性がない状況では何を意味するのでしょうか。単純化のために、参照点は固定して、利得や損失が複数ある場合を考えてみます。

　まずは参照点からの利得として、ロトの賞金が当たった場合を考えてみましょう。1回のロトで1万5000千円が当たった時に得られる効用よりも、ひとつのロトで1万円当たった時の効用と、もうひとつのロトで5000円当たった時の効用とを足し合わせた方が、全体の効用が高くなります。つまり**複数の利得は分離**して受け取った方がうれしく感じるのです。

　次に参照点からの損失として、ルーレットで負けた場合を考えてみます。1回のルーレットで1万5000円を失った時の負の効用よりも、ひとつのルーレットで1万円失った時の負の効用と、もうひとつのルーレットで5000円失った時の負の効用とを足し合わせた方が、全体の効用が（負の方向に）低くなります。つまり**複数の損失は統合**された方が痛みを少なく感じるのです。

　同様のロジックから、**大きな利得と小さな損失は統合**した方が効用は高くなります。一方、**大きな損失と小さな利得は、通常、分離**した方が、効用は高くなります。ただし、大きな損失の価値関数の傾きが、小さな利得の価値関数の傾きより大きい（つまり損失が比較的少額の）場合には、統合した方が効用は高くなります。

マーケティングの応用例

(a) 複数の利得は分離

クリスマスが大きなイベントである欧米では、「プレゼントをひと箱にまとめるべきではない」、つまり分けて小出しにしなさい、というコトワザがあります。テレビショッピングなどでも、最初から全ての商品パッケージを提示しないで、付属品、オプション、おまけ、送料無料などを次から次へと加えることによって魅力を高めています。

これもついてくる！　これもついてくる！　さらになんと　送料無料！

(b) 複数の損失は統合

金銭的支出はまとめて支払うことで、痛みが減ります。自家用車のカーナビやメンテナンスパック、戸建住宅の照明、エアコン、カーテンなど、高額商品に付随するオプションが購入されやすい理由のひとつは、後から個別に支払うより気分的に楽だということがあります。旅行や保険のパックなども同様です。これを逆手にとって、倹約のためにクレジットカードによる月末の引落し（統合）を好まず、あえて痛みの大きい個別の現金決裁（分離）を選択する人もいます。

セットで6000万円　全部屋で10万円→高い！　全部屋で50万円→高い！

(c) 大きな利得と小さな損失は統合

税金や保険料を給料から天引きした方が、それらを後で払うよりいいという人が多いです。ギャンブルの賞金も、後で当局に税金を支払うのはかなり辛いですよね。

天引き

(d) 大きな損失と小さな利得は分離

現金値引よりリベートやポイント還元によって後で他の物を買えたりすると、なんとなくハッピーな気持ちになりませんか？　このような小さな利得は、店舗へのリピート購買を促すだけでなく、顧客満足度を高めるという心理的効果もあります。

 30円引き　　　ポイント還元3％！

プロスペクト理論による
「アレのパラドックス」の説明

まずは第2章6節のクジの選択問題を思い出してください。

問1

A：(1000円，0.5；0円，0.5)

B：(2500円，0.25；0円，0.75)

→　多くの人はBを選ぶ

問2

C：(1000円，1；0円，0)

D：(2500円，0.5；0円，0.5)

→　多くの人はCを選ぶ

問1は、1/2の確率で問2をひくチャンス、1/2の確率で0円という問題と同等なので、**独立性公理を満たす合理的な選択**は、AとC、あるいはBとDになります。

プロスペクト理論が、このような非合理的な現実の選択行動を、どのように解決するかを紹介します。ここでは単純化のために、価値関数は線形 $u(x) = x$ を仮定して、確率加重関数 $\pi(p)$ のみによって説明します。

問1から、$\pi(0.5) \times 1000 \leqq \pi(0.25) \times 2500 \Rightarrow \pi(0.5) \leqq \pi(0.25) \times 2.5$　（1式）

確率が0.35以下では過大評価されるため、$\pi(0.25) \geqq 0.25$ を（1式）に代入。

$\Rightarrow \pi(0.5) \leqq 0.625$　（2式）

問2から、 $\pi(0.5) \times 2500 \leq 1000 \Rightarrow \pi(0.5) \leq 0.4$　　　(3式)

つまり、確率加重関数が以下の条件を満たせば説明できます。
確率が0.25の時に過大評価、 $\pi(0.25) \geq 0.25$、かつ、
確率が0.5の時に過小評価、 $\pi(0.5) \leq 0.4$　　　(3式)

同様に、適切な非線形の価値関数を用いることで、確率加重関数が線形の場合でも説明が可能になります。

　さらに1992年に、トベルスキーとカーネマンは、可能な利得（あるいは損失）が2つ以上ある、より複雑な不確実性下において、改良版である**累積プロスペクト理論**を提案しました。

10 hour
Behavioral **13**
Economics

金銭に関する
態度メカニズ
ム：心理会計

▶ 01　頭の中の銀行口座

人はお金を
TPOで管理する

　まずは、以下の２つの状況を考えてください。

（A）１万円のコンサートのチケットを買って会場に行ったところ、
　　　チケットをなくしてしまったことに気づきました。

（B）コンサートを見るため会場でチケットを買おうとしたところ、
　　　ポケットの１万円を落としてしまったことに気づきました。

「あなたは追加で１万円を支払ってコンサートを見ますか？」という
質問に対して、**Aでは46％**の回答者が、**Bでは約２倍の88％**が追加
で支払うと答えました。この違いはなぜなのでしょうか？

　多くの人は、１カ月の生活費を住居費、食費、交通費、通信費、娯
楽費など**カテゴリー別に配分**して、それぞれの**口座の範囲内**でやりく
りします。その場合、Aではコンサートのチケット代として計２万円
が今月の娯楽費の口座から計上されることになります。さすがに、そ
れは多すぎると感じるのでしょう。それに対してBでは落とした1万
円は娯楽口座からの支出とは見なされないため、追加のチケット代
１万円は**娯楽費として適切**だと判断されるのです。

　この現象を説明するため、セイラーは、同じ金額のお金でもそれ
が属する口座によって価値が違って感じられ、その結果、使い方も変
わってくる「**心理会計**」という概念を提案しました。つまり、人はお
金をTPO（時間、場所、状況）でカテゴリー化して管理しているため、
口座ごとに予算制約があって、収支の判断基準も異なるのです。

　先の例では、１カ月という時間で区切られた娯楽費の口座になり
ます。

口座のカテゴリー化

時間

多くの家計では予算制約の単位として「月」が一般的に用いられます。パチンコなどでは一日の予算を使い切ったら止める「日」単位、カジノであれば「海外旅行期間中」が使われます。

1月　2月　3月

場所

デパート、ディスカウントスーパー、コンビニなど、店舗の形態別に予算制約を設けていなくても、支出の判断基準が店舗形態によって異なります。

デパート

スーパーマーケット

コンビニ

状況

ランチでも、職場の昼食かデートかによって、予算は違うし好みも変わるでしょう。「旅行」という非日常の体験では、特別な口座が設けられます。

日常ランチ

デートのランチ

収入

口座分けの基準は支出に関するものだけでなく、収入に関しても存在します。ギャンブルで儲けたお金は、生活費にならずに再度、ギャンブルに再投資される傾向(ハウスマネー効果)があります。また、ギャンブルや宝くじで儲けたお金は、大金でもパーッと使ってしまう「あぶく銭」効果もあります。従来の経済学ではお金にラベル付けをしていませんが、苦労して稼いだ労働所得とギャンブルで得た不労所得は、支出項目も支出に対する価値観も異なる口座なのです。

宝くじ

10 hour
Behavioral
Economics
13

金銭に関する
態度メカニズ
ム：心理会計

▶ 02　**贅沢品のマーケティング**

高価なものでも「理由づけ」があると売りやすい

　人は予算制約の中で、得られる効用が最大になるように金銭を使って財を消費します。ミクロ経済学の枠組みでは、右の**予算制約付き効用最大化問題**を解くことになります。

　最適消費ルールは、大ざっぱに表現すると、予算 B の範囲内でコスパ（費用対効果）が一定（k）以上の財を、全て購入することになります。

　セイラーの主張は、人は**お金をカテゴリー化して管理する**ため、口座ごとに予算制約があって、収支の判断基準も違うということです。つまり、購入の判断に用いられるコスパの閾値 k は、TPO で規定されたカテゴリー j によって異なるのです。その結果、最適解は、

　$u_i(x) / p_i \geqq k_j$　を満たす全ての財を消費することになります。

　たとえば贅沢品（例：高級ワイン）に対しては、**「欲しくて、買えても買わない」**という自制心から、人はこの閾値をあえて高く設定するなどします。一方、長期的に有益な教育やエクササイズのような財に対しては、この**閾値を低く設定**して、積極的に消費をする傾向があります。

　贅沢品の効果的なマーケティングを、心理会計の観点から考えてみましょう。ここでは、**消費者の自制心**を和らげるために、購入を自己正当化させる「理由づけ」を提示することが有効です。たとえば、**「自分へのご褒美」**、「特別な日のお祝い」、「週末のプレモル」、（輸入車の購入で）「家族の安全のため」などです。また、長期的なメリットを訴求すれば閾値が下がるため、**「長い目で見るとお得」**などのメッセージも効果的です。

30 秒でわかる！ポイント

予算制約付き効用最大化問題

N 個の財の消費レベルを $x = [\, x_1, ..., x_i, ..., x_N\,]$ として、効用を$u(x)$、予算を B とします。すると、予算制約付き効用最大化問題は以下の式で表せます。

$$max_x\{u(x)\} \qquad \text{s.t.} \quad \Sigma_i p_i x_i \le B$$

最適解は、$u_i(x) / p_i \ge k$ になる全ての財を消費することになります。$u_i(x)$ は、$u(x)$ を x_i で偏微分したものです。k はミクロ経済ではラグランジュ乗数、あるいはシャドープライスと呼ばれます。予算が限界1単位増加した時に、最適解のもたらす効用がどれだけ改善されるかを表します。

○年もののワインは贅沢かな

ジムは自己投資だから会費は高くても OK

自分へのご褒美だからいいかな

家族の安全のため、高級ブランド車にしようか

日用品は節約しよう

10 hour
Behavioral
Economics
13

金銭に関する
態度メカニズ
ム：心理会計

▶ 03 ギフトのパラドックス

現金よりも
贅沢なモノやコトが
喜ばれる

次の質問を考えてみてください。

ワイン好きの友人の誕生日に、彼女が

（A）いつも飲んでいる500円のワインを20本送る

（B）普段飲んでいない5000円のワインを2本送る

効用最大化行動（つまり合理的な消費者）を前提にすると、本人が買わないモノは効用が低いため、受け手が買うものをプレゼントすべきということで、答えは（A）になります。しかし一般的には、受け手が普段、買わないもの、特に贅沢だと思って**自己抑制から消費を躊躇しているものを贈る（B）**の方が喜ばれます。

同じような理由から、プレゼントでは、受け手は金銭を贈られた方が自身の効用を最大にするように消費できるはずですが、モノをもらった方が喜ばれることが多いです。ひとつの理由は、現金は生活費の一部に組み込まれてしまい、自制心から贅沢品などは買わない、ということが挙げられます。

同様のロジックは、**企業が従業員のモチベーションを高める**ための報酬にも当てはまります。金銭的なボーナスを与えても、家計（既存の口座）の一部に組み込まれてしまう可能性があります。普段、従業員が支出を自粛しがちなモノやコト、たとえば海外旅行のプレゼントや福利厚生の充実などを通じて、**別口座のインセンティブを提供す**れば、従業員のやる気と会社に対する忠誠心は、より高まるでしょう。

この他にも、セイラーの心理会計に関する事例は、右のように様々な状況で見受けられます。

その他の心理会計に関する事例

[A] ギャンブル

汗水たらして稼いだお金は大切に使うのに、ギャンブルや宝くじで儲けたお金は大金でもパーッと使ってしまう「あぶく銭」は、ギャンブル用口座や、一日の予算をキッチリと決めて、それ以上、負けたら止める日別口座のように、人が心理的に複数口座を管理していることを裏づけています。

今日は
5000円まで

[B] 家計の支出に関する時間別口座

子育てで支出が多い若い世代より、子の巣立った世代の方が収入は多いので、若い時に借金をすることは合理的な選択肢となりえます。しかし多くの人は、月額予算の範囲内に支出を抑えて借金を避けます。これも時間で区切られた口座の存在によって説明できます。

今月の収支は
・・・・・・

10 hour
Behavioral **14**
Economics

取引に関する
態度：取引
効用理論

▶ 01　内的参照価格

頭の中の
価格の基準点に
影響される

　まずは以下のような状況を考えてみましょう。

　「あなたが、真夏にビーチで寝ころんでいたところ、友達がビールを買ってくると提案しました。この近辺でビールを買えるところが、おしゃれな**リゾートホテルのバー**しかなかった場合、あなたはいくらまでなら払いますか？　もし近場でビールを買えるところが**古びた食品雑貨店**しかなかったら、あなたはいくら払いますか？」

　どちらで買っても、ビーチで飲むビールはキンキンに冷えていておいしいはずです。でも多くの人は、ホテルでしか買えないなら食品雑貨店より高い値段を払ってもいいと答えるでしょう。なぜなら、予想されるビールの価格が、2つの場所で買う場合で違うからです。

　製品価格の高低を判断するため、消費者が頭の中に抱いている基準価格のことを「**内的参照価格**」と呼びます。これは、その人の過去の経験や記憶など多様な知識から形成されて、**価値関数の参照点**となります。内的参照価格に影響を与える要因としては、（1）**外的参照価格**（店内やパッケージに提示されたメーカー希望小売価格、参考価格、通常価格など）、（2）**文脈：購買状況**（TPOなど）、（3）**知識**（売り手のコストや社会的公平性など）、が挙げられます。

　本人の頭の中にある参照価格は「内的」、環境（店頭、口コミなど）から受ける刺激（希望小売価格、投稿者が支払った価格）のような本人の外にある参照価格は「外的」になります。文脈には、すでにフレーミング効果の節で紹介した、他製品の存在から受ける**妥協効果**、**魅力効果**、**極端の回避**なども含まれます。

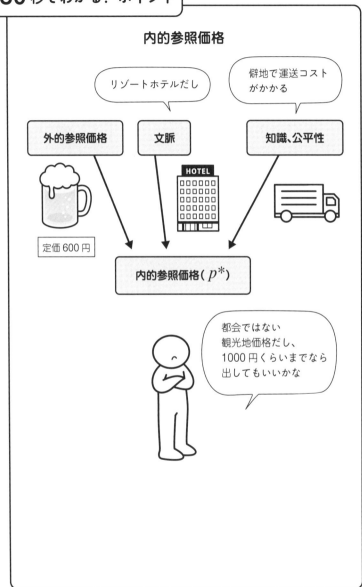

**取引に関する
態度：取引
効用理論**

▶ 02　全体効用＝獲得効用＋取引効用

同じ物を同じ価格で買っても、満足度は異なる

　2018年にノーベル経済学賞を受賞したセイラーの**取引効用理論**では、モノ・サービスの売買からもたらされる満足度（全体効用）は、製品を購入・消費したことで得られる価値「**獲得効用**」と、お得に買えたかを評価した「**取引効用**」の和と定義されています。

　先のビーチのビールの例で考えてみましょう。「獲得効用」は製品それ自体からの正味効用なので、暑いビーチでビールを飲んだことで得られる価値とビール代を支払う経済的痛みの差になります。「取引効用」は取引自体の良し悪しからもたらされる正味効用なので、ホテル（食品雑貨店）で予想されるビールの内的参照価格と実際に支払った価格との差になります。

　ここで商品自体がもたらす価値（暑いビーチでビールを飲んだことで得られる価値）を金銭で表して「**等価価格（value equivalent）**」と定義すると、取引効用理論は図のように表せます。

獲得効用：製品それ自体からの効用　f（**等価価格－支払価格**）
　　　　　　製品を購入・消費したことで得られる価値
取引効用：取引からもたらされる効用　f（**内的参照価格－支払価格**）
　　　　　　取引自体の良し悪し（お得に買えたかどうか）

全体効用 ＝ 獲得効用 ＋ 取引効用

　したがって、同じ物を同じ価格で買っても、誰からどのような状況で買うか（取引）によって全体効用が異なります。

図解:取引効用理論

全体効用は、以下のように3つの価格に影響されます。

p = 支払価格

ve = 等価価格 (value equivalent)
商品自体がもたらす価値

p^* = 内的参照価格
消費者が製品価格の高低を判断するための基準価格:頭の中に存在
していて、過去の経験や記憶など多様な知識から形成される

10 hour
Behavioral
Economics
14

取引に関する
態度：取引
効用理論

▶ 03 市場の価格調整メカニズム

賢いマーケターは
需給が一致する
価格設定はしない

　少し複雑になりましたが、実務的なインプリケーションを考えると、取引効用理論の有用性が見えてきます。伝統的な経済学では、価格は需給のバランスで市場原理によって決まるとされていますが、現実社会では**需給が一致しない価格づけ**が多々見られます。

　たとえば、レストランで顧客の混み方によって値段を変えることはありませんし、電力消費が発電量の上限に近づいても電気代は変わりません。また、人気コンサートやイベントのチケットは高値で転売されるのに額面価格はそれよりかなり安く設定されていることが多いです。

　その理由は、売り手が顧客の取引効用を考慮しているからなのです。取引効用に影響を与える内的参照価格は、**社会的公平性や商品のコスト**を強く反映します。需給が一致するからといって法外な価格づけをすると取引効用が下がって、顧客のリピート購買に悪影響が出たり、売り手が暴利をむさぼっているという口コミが流れたりする可能性があるからなのです。かしこいマーケターは、需給が一致すると期待されるところに価格を設定しません。

　需給が一致するような価格調整メカニズムは経済学の基本原則です。行動経済学は、実際の価格設定において、この例で示されるような、**長期的視点に立つことの重要性**や、**社会的公平性や評判**などの追加的要因を考慮する必要性を教えてくれます。

取引効用を考慮する場合と、しない場合の 価格弾力性の比較

以下の単純な線形モデルを考えてみましょう。

獲得効用：$AU = ve - p$
取引効用：$TU = p^* - p$
全体効用：$WU = AU + TU = ve + p^* - 2p$

すると、

獲得効用の価格弾力性 $= -p/AU$
全体効用の価格弾力性 $= -2p/(AU+TU)$

一般的には、獲得効用の方が取引効用より大きいと考えられるので、$AU > TU$ になります。その場合、全体効用の価格弾力性は獲得効用の価格弾力性より（絶対値で）大きくなります。つまり、取引効用を考慮すると、それを考慮しない時と比べて、消費者は価格の変化により敏感になります。

取引効用を考慮して同価格

レストラン満席時

同価格

同価格

レストラン空席あり

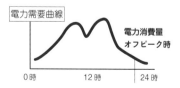

10 hour
Behavioral
Economics
14

取引に関する
態度：取引
効用理論

▶ 04　ビジネス・インプリケーション

いかにも その価値があると 思わせて売る

　商品の価格を変えないで取引効用を高めるために、売り手には2つの手段があります。

　1つ目は**内的参照価格を高くする**ことで、取引がお得だと客に思わせることです。「定価」や「希望小売価格」を高めに設定することは、特に品質評価が難しい商品や、たまにしか買わない商品に有効です。たとえば品質評価の難しい化粧品や医薬品では、消費者が「**参考価格**」のような外的参照価格を品質の指標として用いるプラシーボ効果が大きいです。

　購入頻度の低い耐久財では、無名メーカーの「メーカー希望小売価格」は、往々にして有名メーカーのそれと比較して、かなり高く設定されていることがあります。これは、聞いたことのないようなメーカーの品質は分からないため、消費者が**外的参照価格を品質の代理指標として用いる**ことを、売り手が期待しているからです。

　パッケージや店舗の外観をコストがかかっているように見せることも、内的参照価格を上げるのに役立ちます。レストランであれば、味だけでなく、豪華な内装や雰囲気、ウェイターのマナー、美しい食器、ワイングラス、これら全てが食事経験に重要な役割を果たすと同時に、お客に内的参照価格を高く見積もらせるでしょう。

　2つ目は、**内的参照価格のない世界**を作ることです。たとえば、今までにないサイズ（1リットルのワインボトル）や価格フォーマット（携帯電話の年間契約価格）を提供したり、他の商品と抱き合わせることによって個別の価格を分かりにくくしたり、値引きセールはセール価格ではなくポイント還元にしたりする、などが考えられます。

消費者を守る法規制

売り手が外的参照価格を使って消費者の内的参照価格に影響を与える際、それが消費者の誤解を招いたり、消費者に不利になったりしないよう、消費者庁などは常に市場の監視を行っています。メーカー希望小売価格と実際の販売価格を並べて販売することは多くの店舗で行われており、これ自体には問題がありません。

しかし2017年、ABCマートは、メーカー希望小売価格が存在しない自社ブランドの商品にも、この表示を行って不当に割安感を演出したということで、消費者庁は景品表示法違反（有利誤認）の再発防止を求める措置命令を出しました。つまり、ABCマートが自身で希望小売価格を決めたはずなのに、それに対してさらに販売価格を設定するのはおかしいとの理由です。

また、ジャパネットたかたが2018年に通常価格と会員様特価の両方を表示した際、通常価格としての販売期間が短かったり（2週間未満）、通常価格での販売終了から時間が経過していたり（1カ月以上）というもので、景品表示法違反（有利誤認）で是正命令を受けました。

14

取引に関する態度‥取引効用理論

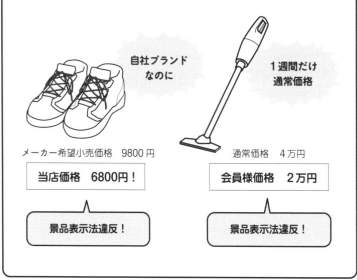

自社ブランド
なのに

1週間だけ
通常価格

メーカー希望小売価格　9800円

当店価格　6800円！

通常価格　4万円

会員様価格　2万円

景品表示法違反！

景品表示法違反！

▶ 01　マリッジブルーの心理

将来の利得より
目先の利得

ダイエットを決意したのだが、ついケーキを間食してしまった。健康のために禁煙することに決めたのだが、いざ次の日になると目の前のタバコを吸ってしまう。重要な仕事を完了させなければならないのに、友人との談話に興じて先送りしてしまった。これらの例は、自分にとって長期的に大きな価値をもたらすことは分かっているけれども、短期的な誘惑に屈してしまう「**選好の逆転**」現象です。

望ましいと思って1年前に決意した結婚だが、挙式の日が近づくにつれて様々なことが不安となり意思が揺らいでしまう**マリッジブルー**。2年前、高い理想のもとに学会の企画委員長を引き受けたのだが、開催直前になると細かな雑用の負担感から、なぜこのような仕事を引き受けたのかと後悔し始める。音質の良い時計付きラジオを買おうと長らく探していたのだが、結局、音質は優れないが時計が有用というラジオを購入する。これらの例では、本来有益と思われた当初の目的（結婚の意義、学術交流、ラジオの音質）が、**時間的距離が近くなる**につれて目的以外の要因（挙式の準備や親族の関係、開催準備、時計の品質）に、より強く影響を受けて選好の変化が起きています。

時間軸における選好の逆転現象は、**時間的非整合性**ともいわれます。第3章でも説明しましたが、行動経済学では、この現象を「**時間による割引**」、つまり将来の1万円は今日の1万円の価値をもたらさない、を用いて説明することが多いです。割引の大きさが金額の一定割合（割引率）の場合は、「**指数型割引**」と呼ばれます。預金、借金、ローンなどの金銭では、指数型割引が使われます。

時間的割引に関する一般的経験則

「時間による割引」に関しては、様々な先行研究の実験から、以下の特徴が確認されています。

(A) 指数型割引の非妥当性

割引率は一定ではなく、対象となる金額や効用の実現が遠いほど割引率は小さくなる。

1年後? 1年と1週間後? どっちもまだまだ先じゃないか

今日と1週間後なら今日がいい!

(B) 量的効果

対象となる金額や効用が大きいほど、割引は低くなる。

| 今日1万円もらえる | 1年後に100万円もらえる |

それなら、今じゃなくていいこっち!

(C) 符号効果

割引は損失より利得に対して高い。

| 「1年後に100万円払って下さい!」 | 「1年後に100万円あげましょう!」 |

→ショックが大きい

→払ってと言われたショックより喜びは小さい

10 hour
Behavioral 15
Economics

非自制的な
行動：
選好の逆転

▶ 02　割引による「選好の逆転」の説明

マリッジブルーの 説明は困難

　最初に挙げた選好の逆転の例、つまり将来の大きな利得と目先の小さな利得に対する評価の変化は、第15章1節の一般的経験則（A）から**双曲型割引**を用いることによって図1のように説明できます。指数型割引では、2つの効用に対する価値は時間軸で動いても交わりません。双曲型割引では、対象となる事象が近づく（時間的距離が近くなる）につれて**割引率が急激に大きくなる**ため、2つの事象に対する価値曲線はある時点で**交差**する結果、選好の逆転が起きます。

　残念ながらマリッジブルー、つまり計画当初の志が直前の諸要因や雑用で覆される選好の逆転現象の説明は難しいです。双曲型あるいは他の割引関数を用いても、結婚の利得と準備の損失の価値は事象の時点まで交わりません（図2左）。1年前に結婚を決めたのは、利得が損失を上回ると考えたためで、それは挙式日まで継続します。さらに一般的経験則（C）の**符号効果**を用いても説明できません。（C）では損失より利得に対する割引の方が大きいため、1年前に利得が損失を上回っていれば、挙式日にはそれ以上に利得が損失を上回ることになるからです。図2（右）で示されるように、利得と損失の価値曲線は交わらず、マリッジブルーは起きません。

　この選好の逆転を説明するためには、さらに精緻な割引モデルが必要なのかもしれません。これ以外にも準双曲型、一般化双曲型など様々な割引関数が提案されていますが、予測される選好や行動が関数型によって異なるという批判があります。さらに「**時間による割引**」には様々な認知的、感情的メカニズムやプロセスが影響しており、その厳密なモデル化は複雑です。

30秒でわかる！ ポイント

図1. 双曲型割引による目先の小さな利益に対する選好の逆転の説明

指数型割引関数：$U(t) = U_0 e^{-qt}$　　　　双曲型割引関数 $U(t) = \dfrac{U_0}{(1+qt)}$

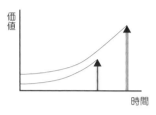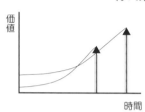

垂直の矢印は、それぞれ異なった時点の対象を表します。指数型割引では２つの対象に対する価値は時間軸で動いても交わりませんが(左)、双曲型割引では２つの対象に対する曲線はある時点で交差する結果、選好の逆転が起きます(右)。

図2. 割引によるマリッジブルーの説明

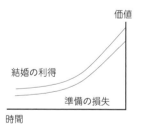

q(利得) $>$ q(損失)

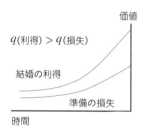

双曲型割引や指数型割引ではマリッジブルーにおける選好の逆転が説明できません(左)。利得の割引が損失の割引より大きいという符号効果を使っても説明できません(右)。

10 hour
Behavioral 15
Economics

非自制的な
行動：
選好の逆転

▶ 03　解釈レベル理論

心理的距離でも
行動は変わる

　割引とは全く異なった観点から、選好の逆転の説明にアプローチするのが「**解釈レベル理論**」です。この理論では、人が対象や出来事に対して感じる心理的距離の遠近によって、**精神的表象（解釈）が異なる**と考えられています。心理的距離が遠い場合は、抽象的、本質的、目標関連的な**高次の解釈**がなされる一方、心理的距離が近い場合には、具体的、副次的、手段関連的な**低次の解釈**がなされます。解釈レベルの高低（表1）は、消費者の評価に大きな影響を与えて選好を変えるのです。

　たとえば消費者が商品の購入を検討する際、製品の**本質的な属性**である「機能」と**副次的な属性**である「使いやすさ」の2属性を評価すると考えてみましょう。その場合、購買時点まで遠い時（時間的距離が長い）には前者の属性が、購買直前（時間的距離が短い）には後者の属性がより重視される傾向にあります。

　詳細は次節で紹介しますが、マリッジブルーのような選好の逆転は、対象（挙式）までの時間を解釈レベル理論における心理的距離と捉えることで説明できます。解釈レベル理論を導入する利点は、距離を一般的な心理的距離に拡張することによって、時間軸以外における選好の逆転を説明できることです（表2）。

　たとえば、お土産の選択が贈る相手によって変わる（**社会的距離**）、成田空港で心待ちにしていた海外でのバンジージャンプが、現地空港に着いた瞬間、恐怖に変わる（**空間的距離**）、一般論として先進医療に肯定的だったのが、いざ身内が受けるとなるとリスクや副作用から否定的になる（**仮説性距離**）、のような選好の逆転です。

表1. 高次、低次の解釈

高次解釈	低次解釈
抽象的	具体的
単純	複雑
構造的、脱文脈的	非構造的、文脈的
本質的、上位的	副次的、下位的
Why	How
なぜそれを行うのか	どうそれを行うのか
何のためにそれを使うのか	どうやってそれを使うのか
製品の機能	製品の使いやすさ
結果の望ましさ	結果の実現可能性

表2. 心理的距離

時間的 (temporal)	情報的 (informational)
空間的 (spatial)	経験的 (experiential)
社会的 (social)	情緒的 (affective)
仮説性 (certainty-related)	展望的 (perspective)

社会的　親友へのお土産　同僚向けのお土産

仮説性

先進医療

空間的

15

非自制的な行動：選好の逆転

10 hour
Behavioral
Economics
15

非自制的な
行動:
選好の逆転

▶ 04 割引解釈レベルモデル

マリッジブルーが起こる理由が説明できる

「割引」に基づいた選好の逆転の説明は明確で説得力がある一方、解釈レベル理論では時間軸以外の距離における選好の逆転を説明できます。そこで、両方の利点を取り入れた「割引解釈レベルモデル」を使うと、多くのタイプの選好の逆転現象をより簡単に説明できます（表）。

距離の概念が行動経済学では「時間」のみを扱うのに対して、解釈レベル理論と割引解釈レベルモデルでは「心理的距離」一般を扱えます。行動経済学における「割引」の概念を解釈レベル理論に組み込んで、**符号効果**と**量的効果**を仮定したものが、割引解釈レベルモデルなのです。

符号効果は、「**割引は損失より利得に対して高い**」であり、先行研究と同じです。量的効果は、「割引は解釈のレベルによって異なり、**解釈のレベルが高いほど割引が低くなる**」となります。「量的」が金額や価値の大小ではなく、解釈レベルの高次・低次に対応していることに注意してください。

割引解釈レベルモデルを使うと、先ほど、説明の難しかったマリッジブルーは以下のように説明できます。結婚の本質的な要因は、一生のパートナーと幸せに暮らすことであり、解釈レベルは高次です。一方、両親族の関係や挙式の準備などは結婚の副次的な要因なので、解釈レベルは低次です。量的効果によると、割引は高次解釈より低次解釈の方が大きくなります。当初、高次解釈の要因が低次解釈の要因に優っていたために結婚を決意したのですが、割引の違いから挙式が近づくにつれて、低次解釈の要因が高次解釈の要因より大きくなって選好が逆転します（図）。

解釈レベル理論に割引概念を組み込んだ割引解釈レベルモデル

	行動経済学	解釈レベル理論	割引解釈レベルモデル
距離	時間的	心理的	心理的
割引の概念	○	×	○
割引	利得＞損失	×	利得＞損失
	高価値 ＜ 低価値	×	高次解釈 ＜ 低次解釈

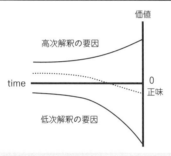

図.割引解釈レベルモデルによるマリッジブルーの説明

割引解釈レベルモデルでは、割引は高次解釈より低次解釈の方が大きいため、挙式が近づくにつれて正味価値は正から負に変わります。

結婚の決意をしたとき	結婚が近づくと

高次の解釈：
「人生の長い道のりを二人で！」
結婚はすばらしい！

低次の解釈：
目先の準備や問題がわずらわしくなり結婚の価値が下がる

10 hour
Behavioral **15**
Economics

非自制的な
行動：
選好の逆転

▶ 05　経済学的なインプリケーション

心理的距離によって
選好が変わる

　割引解釈レベルモデルの製品選好に関するインプリケーションを考えてみましょう。解釈のレベルによって割引が違うという「量的効果」から、対象や出来事に近づくにつれて、評価の相対的な重みが**高次解釈から低次解釈にシフト**します。一般的に、製品の評価では、高次解釈や低次解釈を促す要因として製品属性が挙げられます。

　図1は、高次解釈に対応する属性が優れた製品Aと低次解釈に対応する属性が優れた製品Bをプロットして選好の逆転を考察したものです。距離が近づくにつれて、無差別効用曲線の傾き（図では直線で近似）が次第に急になり、選好が製品Aから製品Bにシフトします。つまり割引解釈レベルモデルは、2つの属性に対する相対的なウエイト（**限界代替率**）が**心理的距離によって変わる**ことを示唆しています。

　解釈のレベルによる割引の違い「量的効果」と損得による割引の違い「符号効果」を統合すると、割引 d は以下の順番で大きくなります。

d(高次, 損失) ＜ {d(高次, 利得)、d(低次, 損失)} ＜ d(低次, 利得)

　d(高次, 利得) と d(低次, 損失) の順番は、量的効果と符号効果の相対的な強さに依存するため、同列という意味で {} カッコ内に含めています。距離が近づくにつれて、高次、低次、利得、損失に対する評価が、割引によってどのように変化するかを表したものが図2になります。

　割引解釈レベルモデルは、心理学の概念を具現化することによって分析を促進させたプロスペクト理論の価値関数や確率加重関数とも共通するものです。

30秒でわかる！ ポイント

無差別効用曲線、割引率グラフ

図1.高次・低次の属性空間における無差別曲線

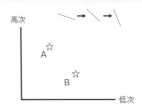

割引解釈レベルモデルでは距離が近づくにつれて、無差別効用曲線（図の右上）の傾き（図では直線で近似）が次第に急になり、選好が製品Aから製品Bに変化します。

高機能、デザイン性など高次属性にすぐれたゲーミングパソコン（製品A）

軽い、安いなど低次属性にすぐれたノートパソコン（製品B）

> 次のボーナスで買うならちょっと高いゲーミングパソコンがいいなあ

> ボーナスが出たけど軽くて安いノートパソコンでいいや

| ボーナスまであと半年 | ⟶ | ボーナス支給日 |

図2.解釈レベル（高次・低次）と利得・損失による割引の違い

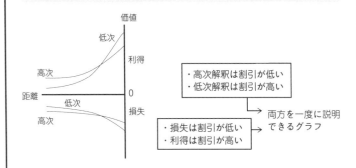

・高次解釈は割引が低い
・低次解釈は割引が高い

→ 両方を一度に説明できるグラフ

・損失は割引が低い
・利得は割引が高い

割引 d は、d(高次,損失)<{ d(高次,利得), d(低次,損失)}< d(低次,利得) の順番に大きくなります。

10 hour
Behavioral 15
Economics

非自制的な
行動:
選好の逆転

▶ 06 ビジネス・インプリケーション

高級品は
販売ポイントまで
値引きしない

消費者の選択には、ある属性を諦めて別の属性を選ぶような**属性間のトレードオフ**が含まれます（例：賞金額 vs. 当選確率、高品質 vs. 低価格、製品機能 vs. 使いやすさ）。この判断に対して心理的距離の変化が与える影響は、明白ではありません（コラム5参照）。

これらの属性が高次と低次のどちらの解釈を呼び起こすのか、そして属性のトレードオフにおいて利得と損失のどちらに関連しているかが重要な鍵になります。その観点から、**割引解釈レベルモデル**は、評価と選好が心理的距離によってどう影響されるのか、ひいては**選好の逆転現象を予測する**ことに役立ちます。

一例として、消費者が製品の品質（上位グレード）と価格（下位グレード）をトレードオフすることを考えてみましょう（右図）。遠い心理的距離（時間的、空間的距離）の下で上位グレードを選択した人は、距離が近くなるとその選択を覆す可能性が高くなります。一方、下位グレードを選択した人は、予算制約がない場合でも、上位グレードに切り替える可能性は低いです。この**非対称的な製品スイッチ**は、予算制約があれば、さらに顕著になります（解説はコラム5参照）。

このような消費者の行動から、上位グレードの企業は、販売ポイントから離れた時点（時間的および空間的距離が遠い）では**品質の優越性（高次解釈）**を広告などでアピールして、販売ポイント（時間的および空間的距離が近い）では**値引き（低次解釈）**を提供するべきです。他方、下位グレードの企業は、販売ポイントから離れた時点で低価格を訴求して、販売ポイントでさらなる値引きを可能な限り提供するといいでしょう。

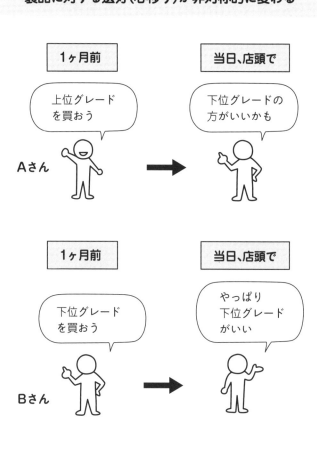

心理的距離の変化が製品選択に与える影響を予測してみよう

あなたは会社のクリスマスパーティで行われるゲームの賞品として、次の、A（賞金5万円、当選確率2%）またはB（賞金1万円、当選確率10%）のいずれかの宝くじを選ばなければなりません。どちらの宝くじも同じ期待値（1000円）を持っています。次に別の状況を考えてみましょう。あなたはこの2つの宝くじのセットから自分自身のために宝くじを買います。あなたはどちらを選びますか？

あなたの宝くじの選択が、自分自身のためなのか、誰が当選するか分からないゲームの勝者のためなのかで違う場合は、**社会的距離による「選好の逆転」**を示したことになります。

被験者を使った実験結果では、次のような、一貫した選好の逆転パターンが見られます。ゲームの賞品としてAを選んだ人は、自分自身のためになるとBを選ぶ「選好の逆転」を示す可能性が高い。一方、ゲームの賞品としてBを選んだ人は、自分自身のためにもBを選ぶ傾向があるというものです。

このパターンは、**割引解釈レベルモデル**で、図1のように予測できます。

図1

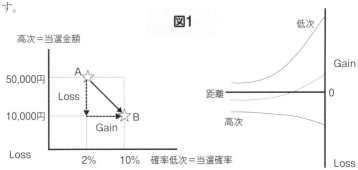

AからBへのスイッチは高次解釈の損失と低次解釈の利得の正味合計になります（図1グラフの点線）。距離が遠い時にAを選択した人は、当初この合計が負です（だからBを選ばなかった）。距離が近づくにつれて、割引の違い d（高次，損失）$< d$（低次，利得）から、価値の正味合計は図1のように急激に増加します。正味価値が負から正になると、AよりBが魅力的になって選好の逆転が起きます。

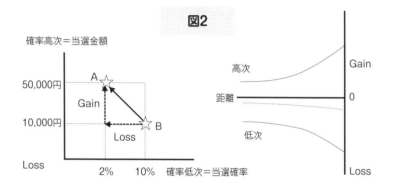

　他方、BからAへのスイッチは低次解釈の損失と高次解釈の利得の正味合計になります（図2）。距離が遠い時にBを選択した人は、当初この合計が負です（だからAを選ばなかった）。距離が近づいても、割引の違い d（高次，利得）$\approx d$（低次，損失）が小さいため、正味価値は大きくは変化しません。正味価値が負から正になるとBよりAが魅力的になるのですが、図1の場合ほどは選好の逆転が起きません。

　このように、一見、明白ではない選好の逆転も、割引解釈レベルモデルを使うことで、分析や予測が容易になります。

16

▶ 01 社会的選好：概念の整理

「利他性」「互恵性」「社会規範」などの概念が絡み合う

　人は自分自身の価値だけでなく、社会や集団の価値あるいはその価値につながる意図を気にする傾向があります。**社会的外部性**の中でも、報酬や効用に関するものを「**社会的選好**」と呼び、利他性、互恵性、信頼、社会規範、公平性などが含まれます。

　まずは、関心の対象となっている主な概念を整理しましょう。

　「**利他性**」とは他者の利益を尊重するような行動をとることですが、純粋と見かけ上の2種類に分けられます。他者の効用が上がることで自身の効用が上がることが「**純粋な利他性**」です。一見、他者のことを考えて行動しているように見えますが、実は純粋な利他性でないものを「**見かけ上の利他性**」と呼びます（右図）。

　信頼ゲームで観測された互恵性には、自身に利益をもたらしてくれた相手に直接、お返しをする「**直接互恵性**」と、その相手以外の人にお返しをする「**間接互恵性**」があります。また互恵性の方向には、他者から利益を得たら他者に利益を還元する「**正の互恵性**」と、自身の利益を犠牲にしてでも相手を罰する「**負の互恵性**」の2つがあります。

　社会的選好には、最後通牒ゲームで見られたような他者の「**意図**」、信頼ゲームで見られたような「**信頼**」などが重要な役割を果たします。

　社会規範には、「そうすべきである」、「それが社会や人として当然である」という純粋なものと、自身の社会的イメージを高めるための「**評判**」が含まれます。

　このように、社会的選好といっても様々な概念が存在し、それらは複雑に絡み合っていますが、公共経済、ネット社会、経営組織に大きな影響を与えるため、現在、様々な研究が進められています。

30秒でわかる! ポイント

最後通牒ゲーム

2人が1000円を分けるとする。配分者は、それぞれの取り分を提案して、受益者がOKであれば、提案通り配分されるが、拒否されればお互いに何も得られない。

分け方によっては拒否されることを恐れる配分者は、相手に400円分ける。

見かけ上の利他性

600円
自分の利益

配分者

400円

受益者

独裁者ゲーム

配分者はもらった1000円のうち、好きな金額を受益者に分け与える。

好きに分けてよい、拒否されない
「200円も分けてあげる自分はなんて善人なんだろう!」と思いたい
「人に施すのは気持ちいい」
「持てる者は持たざる者に分けなければ」

これも見かけ上の利他性

善

800円
自分の利益

配分者

200円

受益者

最後通牒ゲームにおいて、配分者は、受益者に拒否されないように独裁者ゲームの時の約2倍をオファーしています。つまり配分者の提示した金額の約半分は自身の利益のためなので、見かけ上の利他性になります。

受益者に断られる心配のない独裁者ゲームにおいても、見かけ上の利他性が含まれている場合があります。たとえば、自身の富は持たない者とシェアをすべきだという社会規範や公平性、あるいは弱者に分け与える自分の姿に高揚する(これはウォームグローと呼ばれる見かけ上の利他性)などから、必ずしも相手が喜ばなくても配分することもあるでしょう。

そのため、純粋な利他性のみを観測するためには、ゲームのデザインを精緻にコントロールする必要があります。

そこに
公平性はあるのか

「見かけ上の利他性」と「負の互恵性」は、公平性を考慮する人の行動から説明できるという**「不平等回避モデル」**を紹介します。

被験者を使っての実験では、独裁者ゲームで配分額が0円だったり、最後通牒ゲームにおいて配分額が1円以上であれば受諾したりする超利己的な行動は、ほとんど観測されません。実際の人の行動と整合性がとれるように、行動経済学ではどのようなアプローチが試みられているでしょうか。ここでは、2人のプレイヤーが、**お互いの利得の不平等を好まない**ことを考慮した不平等回避モデルを紹介します。

まずは単純な線形効用関数を仮定して、自分の効用を、自身が得た金額から得られる効用と相手の利得との不平等から生じる負の効用の和と考えます。自分の利得（xa）が相手の利得（xb）より多い場合は（$xa > xb$）、不平等（$xa - xb$）を罪悪感度Gで重みづけした負の効用が発生します。逆に、自分の利得が相手の利得より少ない場合は（$xa < xb$）、不平等（$xb - xa$）を嫉妬感度Jで重みづけした負の効用が発生します。

右式では、$G = 0.6$、$J = 0.7$として、様々な利得の効用を計算しています。独裁者ゲームにおいて、配分者aの利得が1000円の時の効用は400、利得が600円の時の効用は480なので、配分者は後者を選びます。配分しない罪悪感から、受益者に400円を配分した方が効用が高くなるからです（**見かけ上の利他性**）。

一方、最後通牒ゲームにおいては、受益者aの利得が0円の時の効用は0、利得が200円の時の効用は-220なので、受益者は前者を選びます。受益者は利得の差から生じる嫉妬感から、200円のオファーを拒否した方が効用が高くなるからです（**負の互恵性**）。

フェールとシュミットの不平等回避モデル

自分 a、相手 b : $\qquad a$ の効用関数 $= Ua(xa, xb)$

罪悪感 $(xa>xb)$: $\quad G=0.6$
$Ua(xa,xb) = xa - G \times (xa-xb)$
$Ua(1000,0) = 1000 - 0.6 \times (1000-0) = 400$
$Ua(600,400) = 600 - 0.6 \times (600-400) = 480$

自分の方が多い
罪悪感の重み付け
0.6

嫉妬感 $(xa<xb)$: $\quad J=0.7$
$Ua(xa,xb) = xa - J \times (xb-xa)$
$Ua(200,800) = 200 - 0.7 \times (800-200) = -220$
$Ua(0,0) = 0 - 0.7 \times (0-0) = 0$

相手の方が多い
嫉妬感の重み付け
0.7

独裁者ゲームの配分者

1000円を分け合うとき、配分者が1000円全部を取ると、罪悪感から400円分しか効用を感じられない。受益者に400円渡すと、480円分の効用がある。400円を配分した方が得(見かけ上の利他性)!
自分が1000円を取って相手には1円も渡さないほうが得なはずなのに・・・・・・

罪悪感
配分者 　0円　 受益者
-1000円$\times 0.6$
400円の効用

罪悪感
配分者 　400円渡す　 受益者
-200円$\times 0.6$
480円の効用

最後通牒ゲームの受益者

1000円を分け合うとき、受益者が0円の時の効用は0、200円の時の効用は-220なので、配分者の方が多いという嫉妬感から、200円のオファーを拒否した方が効用が高くなる(負の互恵性)。

少しでも、もらえるものはもらったほうが得なはずなのに・・・・・・

0円の提案
嫉妬感
配分者
受益者
拒否すると
自分も相手も0円
差は0円、0円$\times 0.7=0$円
0円の効用

200円の提案、
嫉妬感
配分者は800円を取る
受益者
600円も差がある!
200円-600円$\times 0.7 = -220$円
配分者
-220円の効用

▶ 03　公共財ゲーム

罰則があると
タダ乗りを防げる

　社会や組織において、個々人の貢献によって集団全体の利益や効用の拡大を達成したい場合、個人が参加したり協力したりする、あるいはタダ乗りをするなどが、どのような状況やインセンティブで発生するのか。これらを知ることは、環境問題など**公共財への投資**や経営における**組織管理**に重要な意味を持ちます。

　今まで見てきたゲームは、プレイヤーが全て2人という単純なものだったので、ここでプレイヤーが3人以上の右の**公共財ゲーム**を考えてみましょう。

　このゲームでは、利己的な経済人であれば、投資は全員0円というのがナッシュ均衡になります。囚人のジレンマ同様、**全員がタダ乗りを選ぶ**結果、集団の合計利得が最小になってしまい、公共財の目的は達成されません。

　しかし、過去27件の公共財ゲームの実験研究をメタ分析したゼルマーによると、被験者は平均で自身の持ち分の38%（寄与率）をグループに投資することが分かりました。集団の利得は最大値にこそなりませんでしたが、人は利己的に行動しなかったのです。

　また、フェールとゲヒターによる**繰り返し公共ゲーム**では、回を重ねるにつれて寄与率が50%から10回目には10%程度まで落ちたものの、利己的プレイヤーの最適解である0%にはなりませんでした。

　さらに、寄与率の低いプレイヤーの利得を減らすことができる**費用のかかる罰則**を導入すると、寄付率が大幅に増加し、正の互恵性もあって、最終的には**90%以上の寄与率**になりました。利己的なプレイヤーには、自身の利益を失ってまで他のプレイヤーを罰する誘因はないため、人は**負の互恵性**を持っていることも確認されたのです。

30秒でわかる! ポイント

公共財ゲーム

4人グループの各プレイヤーには、それぞれ1000円が与えられます。各プレイヤーはグループに投資する金額を決めます。投資された金額は2倍となって、各プレイヤーに均等に配分されます。あなたはいくら投資しますか?

ゲームのルールを整理しましょう。
プレイヤー i (i=1,2,3,4)の投資額を Zi、最終的な利得を Ui とすると、

$$Ui = 1000 - Zi + 1/4 \times 2 \times (Z1 + Z2 + Z3 + Z4)$$

全員の最終的な利得の合計 U は、以下になります。

$$U = U1 + U2 + U3 + U4 = 4000 + (Z1 + Z2 + Z3 + Z4)$$

このゲームでは、プレイヤーの合計投資額と同じ資金が外部から注入される(投資された金額は2倍になって還元されるため)ので、全てのプレイヤーが最大金額である1000円を投資すると、各個人の利得が最大の2000円になります。

このうち、1人だけ投資をしないタダ乗り(投資額0円)が起きると、このプレイヤーは2500円、全額投資をした残り3名は1500円の利得になります。しかし、残りの3名も自身の利得を最大化しようと、投資額0円でタダ乗りを考えます。その結果、誰も投資をしないことが最善な戦略となって、これがナッシュ均衡になります。

行動経済学の応用

第4部で知っておきたい用語

社会規範：共同体に属する上でのルールやマナー。合理性より優先されることがある。

顧客満足度：通常は、購買後の知覚評価（価値やパフォーマンス）と購買前の期待との差で規定される。

効率的市場仮説：株式を含めてあらゆる資産の市場価格は、その資産の真の経済的価値(ファンダメンタルズ＝将来の利益の割引現在価値)に等しくなる市場。ここでの重要な仮定は、裁定取引が瞬時に働き、摩擦（コストや規制）のない市場が存在すること。

裁定取引：割安な株を購入して割高な資産を売却することで利益を最大化する投資家の行為。

ピア効果：グループのメンバーが、他のメンバーの行動や性格から影響を受ける現象。

外発的動機、内発的動機：外発的動機には外的報酬や外的刺激(上司や客からの圧力)が含まれる。他方、内発的動機は本人の内部から発生するもので、顧客に喜ばれた、自身の充実感や達成感、同僚に感謝されたなど、仕事をしていて例外的に良い感じを持った状況が記憶に残り、仕事すること自体から喜びを感じる。

自己決定の理論：外的報酬には、受け手の行動を統制し、その活動に従事させる統制的なものと、報酬の受け手に自己決定的で有能であることを伝える情報的なものの、2つの側面がある。統制的側面が情報的側面より強い場合は、自己決定の感覚が弱まって、外的報酬を獲得するために仕事をしていると知覚し始める。逆に、情報的側面が統制的側面より強い場合は、自己決定と有能さの感覚が強まり、内発的動機で仕事に従事する。

▶ 01 ナッジの実例

社員食堂で
野菜を多くとらせる
仕掛け

　まずは身近な**ナッジ**の例を2つ、見てみましょう。

　右はヨーロッパ11カ国の臓器提供の同意率を示したグラフです。右7カ国と左4カ国の大きな違いはなぜでしょう。臓器提供に対する選択は全ての国で個人の自由ですが、デフォルト（初期設定）で同意（右7カ国）か不同意（左4カ国）が理由になります。同意率が高い右7カ国では、臓器提供を拒否するためには**オプトアウト**の意思表明が、同意率が低い左4カ国では、臓器提供に同意するためには**オプトイン**の意思表明が必要なのです。

　人は特に問題がないと、**現状維持バイアス**から、新たな行動をとることを躊躇する傾向があります。皆さんは運転免許証の裏にある臓器提供の文言を読んだことはありますか。日本ではオプトインになっていますが、多くの人は、何の記入もしていないのではないでしょうか。

　食事が無料なことで有名なあるIT企業ですが、従業員の食生活の向上と健康のために、バイキング形式のカフェテリアにも工夫がこらされています。**野菜類を一番目立つ場所**（入口正面のアイランドカウンターや目線の高さ）に並べて、**肉類やデザートは奥の方に**配置しています。そのおかげもあり、通常より小さめの皿は、まずサラダなどでいっぱいになって、肉やデザートの消費は無意識のうちに控えめになります。野菜を食べろと言われると反発したくなりますが、自発的に野菜を選んだ結果、健康体になれるようにデザインされているのです。

30秒でわかる！ ポイント

ヨーロッパ各国における臓器提供の同意率

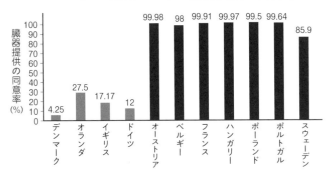

臓器提供の同意率(%)

デンマーク	4.25
オランダ	27.5
イギリス	17.17
ドイツ	12
オーストリア	99.98
ベルギー	98
フランス	99.91
ハンガリー	99.97
ポーランド	99.5
ポルトガル	99.64
スウェーデン	85.9

Johnson E. J, & Goldstein D. (2003). Medicine - Do defaults save lives? Science, 302, 1338-1339.

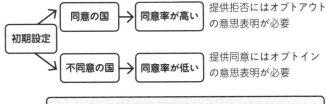

初期設定 → 同意の国 → 同意率が高い
提供拒否にはオプトアウトの意思表明が必要

初期設定 → 不同意の国 → 同意率が低い
提供同意にはオプトインの意思表明が必要

人は特に問題がないと、現状維持バイアスから、
新たな行動を躊躇する傾向がある

IT企業のカフェテリア → 従業員の食生活の向上のため、野菜類を目立つ場所に

肉やデザートを奥に配置 → 自発的に野菜を選んだ結果、健康体になれるようにデザイン

あっ
野菜でお皿が
いっぱいだ〜

17
ナッジ

5段階プロセスの
BASICで
ナッジを設計する

　ナッジとは「肘で突っついて、本人にとって望ましい行動を自発的に選択するよう促す」ことで、セイラーによって提唱されました。

　ナッジには以下4つの特徴があります。**(a) 義務・強制ではなく自身の意思で自由に行動できる**、**(b) 本人（あるいは属する社会・集団）のためである**、**(c) 経済的インセンティブ（報酬や罰金）は最小限**、**(d) 仕組みは簡単で安価**。

　ナッジというと公共経済や自己管理でよく使われますが、実は営利企業にとっても大変有用な手段です。一見、企業の営利目的と顧客の目的は異なるようですが、顧客のためのマーケティング活動は、結局、顧客満足、リピート購買、口コミなどにつながり、長期的には企業にとってもいいことなのです。本人のためではなく、私利私欲から人を誘導することは、**「スラッジ（sludge）」**と呼ばれます。

　ナッジを設計する際に有用な枠組みが、**BASIC** と呼ばれる5段階プロセスです。まずは問題の**行動（Behavior）**を観察し、それを行動経済学的・心理学的に**分析（Analysis）**した上で、ナッジの**戦略（Strategy）**を考えます。そして、ナッジの候補を実験などの管理された状況で**介入（Intervention）**させて、科学的な効果検証による裏づけのもと、**制度変更（Change）**を起こすというものです。

　たとえば、感染症ワクチンの接種が進まない状況は、そのワクチンの効果や副反応が熟知されていないのか、接種申請の手続きが複雑なのか、接種しない人たちを観察して、問題を心理的な観点から分析します。そして行動を正しい方向に向けるためには、どんな誘因が必要かを考えます。前者であればワクチンに関する正しい情報の提供、申請の問題であれば手続きの簡素化などが考えられます。

ナッジ

肘で突っついて、本人にとって望ましい行動を自発的に選択する
よう促すこと　by セイラー

あなたにとっては
あっちの方が
いいですよ

4つの特徴

(a)	義務・強制ではなく自身の意思で自由に行動できる	(b)	本人（あるいは属する社会・集団）のためである
(c)	経済的インセンティブ（報酬や罰金）は最小限	(d)	仕組みは簡単で安価

スラッジ

本人のためではなく、私利私欲から人を誘導すること

？

（僕が儲かるから）
あっちの方が
いいですよ

ナッジを設計するのに有用な枠組み：BASIC

B	Behavior	人の行動を調べる
A	Analysis	行動経済学的・心理学的に分析をする
S	Strategy	ナッジの戦略を構築する
I	Intervention	ナッジで介入する
C	Change	制度変更を起こす

▶ 03　ナッジの設計ポイント

簡単か、魅力的か、社会的選好に合うか、タイミングはどうか

17

　分析（Analysis）ステップでは、本人にとって望ましい行動がとれない理由（**ボトルネック**）を行動経済学的な観点から解釈します。今まで紹介された様々なヒューリスティックやバイアスの知識と照らし合わせることで、現象をより明確に理解できるでしょう。

　戦略（Strategy）ステップにおいて重要なのは、本人自身が行動変容をしたいと意識的に願っているのか、それとも行動変容をすべきと気づいていない無意識的な状況なのかを区別することです。

　前者であれば熟慮型思考（システム2）が働いているため、描いている目標を実行に移す制度設計（**コミットメント**、**フィードバック**、**プラニング**〈実行計画立案〉など）が有効です。

　一方、後者であれば、直観型思考（システム1）による判断バイアスが生じないように情報提供・情報整理、カウンセリングなどによって熟慮型思考を発動させるか、無意識的に行動してもバイアスが発生しないような誘因環境（**デフォルト**、**フレーミング**、**社会的選好**）を構築する、のいずれかを考えます。

　ナッジの候補を評価する際に有用な枠組みが、イギリスのナッジユニットが提案した **EAST** という属性別の評価指標です。

　E（Easy）では、簡単か、分かりやすいか、手間がかからないか、を評価します。

　A（Attractive）では、注目を引くか、魅力的か、を評価します。

　S（Social）では、社会的選好（同調効果、利他性、互恵性、社会規範）をうまく利用しているか、を評価します。

　T（Timely）では、そのナッジの介入やフィードバックが適切なタイミングで行われているか、を評価します。

30 秒でわかる！ ポイント

分析ステップ	本人にとって望ましい行動がとれない理由(ボトルネック)を行動経済学的な観点から解釈する
戦略ステップ	本人が行動変容を意識的に願っているのか、それとも行動変容をすべきと気づいていない無意識的な状況なのかを区別するのが重要

変わりたい

or

?

無意識的
(直観型思考)

情報提供・整理
カウンセリング
タイミング

意識的
(熟慮型思考)

デフォルト
フレーミング
社会的選好
(同調効果、
利他性、互酬性、
社会規範)

行動変容

コミットメント
フィードバック
プラニング
タイミング

ナッジの候補を評価する
際に有用な枠組み

EAST
イギリスのナッジユニットが提案

E	Easy	簡単か、分かりやすいか、手間がかからないか
A	Attractive	人の注目を引くか、魅力的か、楽しいか
S	Social	社会的選好(同調効果、利他性、互恵性、社会規範) をうまく利用しているか
T	Timely	介入やフィードバックが適切なタイミングか

新型コロナワクチン接種率を上げる方法

　ナッジ設計の具体例として、**新型コロナワクチンの接種率**を上げるナッジを見てみましょう。

　分析ステップは、ワクチン接種を避ける行動をとる人たちの心理を分析することです。

　たとえば、「副反応やアナフィラキシーショックが心配」と考える人は、情報が記憶に残りやすく、実際の数よりも頻度が高いと感じる（**利用可能性ヒューリスティック**）、低い確率を過大評価する（**確率加重関数、プロスペクト理論**）、サンプルの小さな極端なデータを信じる（**少数の法則**）などに影響されている可能性があります。

　また、「ワクチンは効果がない、怖い」と思っている人は、自分に都合の良い情報を探して信じる（**確証バイアス**）、自分はコロナにかからない（**自信過剰、確証バイアス**）、将来的な健康よりも現在のリスクを重視する（**現在バイアス**）などに影響を受けているかもしれません。

　戦略ステップでは、どの行動経済学的な概念を使って、どのように作用させる（効能）ことで、これらのバイアスを減らせるかを考えて、具体的なナッジを構築します。たとえば、「愛する家族のためにも高齢者のためにもワクチン接種を！」という広告は、**社会的選好の利他性に訴えた情報提供**のナッジになります。接種証明書を提示しないと食堂に入店できない条例は、外食する機会を失いたくないという**損失回避のインセンティブ**を使ったナッジです。

　右表には、このようなプロセスを経て提案されたナッジの候補を、EAST の指標で評価したものが示されています。

ワクチン接種を促すナッジの候補をEAST の指標で評価

手段	行動経済学的概念	効能	具体的な対策	E Easy	A Attractive	S Social	T Timeiy
情報提供							
	社会的選好						
		同調効果	あなたが住む自治体の○○%の人は接種済みです	○	△	○	○
		利他性	愛する家族のために、高齢者のためにも	○	○	○	○
		社会規範	接種は他人にうつさないためのマナーです	○	△	○	○
		同調圧力	接種しないのは他人に迷惑です	○	×	○	○
	利用可能性ヒューリスティック						
		印象的	CMに有名人を起用して記憶に残りやすくする	△	○	△	○
		頻度	広告の頻度を増やして記憶に残りやすくする	△	△	×	○
	時間的非整合性						
		現在バイアスの解除	1日だけ副反応で休む方が感染して1週間休むよりマシ	○	△	○	○
	代表性ヒューリスティック						
		少数の法則	副反応やアナフィラキシーの正しい情報を伝える	○	△	×	○
インセンティブ							
	利得						
		賞金	接種すると賞金が出る、クジが当たる	△	△	×	○
		旅行支援	接種すると旅行補助金が出る	×	○	△	△
	損失回避						
		外食	接種証明が必要	△	△	△	○
		海外旅行	接種証明が必要	△	△	△	○
プランニング・タイミング							
		タイムプレッシャー	集団接種会場の締め切り期限を大々的に告知する	○	△	×	○
		ウォークイン	予約不要の接種場所を提供する	○	○	×	○
デフォルト							
	保有効果						
		仮予約済み	予約の日時変更は届出する必要があると告知	△	×	×	○
フィードバック							
	ピア効果						
		競争心を使う	定期的に国別、自治体別の接種率を告知する	○	○	○	○

17

ナッジ

▶ 01　無料のパワー

0円と1円の間には
大きな差がある

　人は「**無料の魔力**」に弱いものです。旬のサンマが食べたい時、スーパーで1尾100円で売っているのに、無料だからとサンマ祭りに出かけて3時間も行列に並びます。他にも無料お試し期間（その後は通常価格になる）、携帯電話の端末代無料（月額使用料に含まれている）、入場無料（アトラクション代は結構な金額になる）に魅かれるのはその典型例です。

　人はなぜ「無料」に魅かれるのでしょうか。理由のひとつは、負の価値をもたらす**「損失」を完全に回避できる**ことにあります。10円で買ったタダ同然の商品でも、気に入らなければ悔しい気持ちになりますが、**無料ならばリスクゼロで経済的損失がない**ため気になりません。2円の商品が1円引きになっても人の反応はあまり変わりませんが、1円の商品が0円になると、それは金銭と引き換えに得る「経済的」なモノではなく、「無料」という特別なカテゴリーに入るため、人は別の感情を抱いて行動する傾向があります。つまり0円と1円には1円以上の意味があるのです。このメカニズムの背景にあるのが第13章で紹介した**心理会計**です。

　ただ一方で、無料は損失を完全に回避できますが、それを選択することで何かを失っている可能性もあります。サンマ祭りでは、お祭りの雰囲気を楽しむのであれば3時間並ぶのもいいでしょうが、単にサンマが食べたいだけならば、スーパーで購入し、並ぶ時間を有意義に使った方がよくないですか。つまり「**機会損失**」をよく考えて意思決定することが重要だということです。

30 秒でわかる！ ポイント

▶ 02 「現金値引き」と「ポイント付与」

ポイント付与より
現金値引きが
お得なのに

ポイントを単純に金銭と見なして、同じ**値引率（還元率）**で比較すると、実は現金値引きの方がお得になります。たとえば、1万円の購買に対する10%ポイント付与の実質割引率は9.1%（＝1000/11000）です。この差は還元率が高くなるにしたがって広がり、右図のように100%の還元率は50%の値引きと等しくなります。

あるスーパーマーケットのID付きPOSデータを用いた2007年の分析では、1%の値引きが3.3%の販売増加を生んだのに対して、1%の**ポイント付与は12%の販売増加**をもたらしたことが報告されています。つまり同じ還元率（値引率）であれば、ポイント付与は**現金値引きの3.6倍、販促効果があった**のです。

計算上では値引きの方が得なのに、なぜポイント付与の方が顧客にとって魅力的だったのでしょう？　理由のひとつは、プロスペクト理論の価値関数で説明できます。大きな損失と小さな利得は、**統合するより分離する方が消費者の満足度は高くなる**からです。

ポイントは次回以降の購買に使えるため、今回の購入とは別の（分離された）利得と見なされる傾向が強くなります。多くの人は、ポイントを貯め続けて、1000円や2000円といった、ある程度まとまった額になった時に使うことが既存研究で確認されていることからも、**ポイントは別会計に計上される**という**分離的な解釈**が支持されます。それに対して、現金値引きでは支払金額から値引き分が減った（統合された）損失と見なされます。

様々なセールス・プロモーションを**統合型**か**分離型**に分類すると、統合型には値引きやクーポンが、分離型にはポイント、リベート、おまけ、増量が含まれます。

「現金値引き」と「ポイント付与」

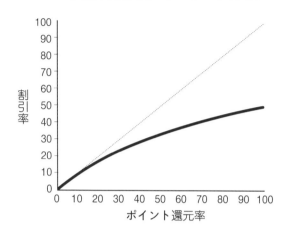

割引率 (縦軸)
ポイント還元率 (横軸)

 >

現金 > ポイント

実質的にはポイント還元より現金値引きのほうがお得

ポイント収集に対して強い魅力を感じて、アディクション(依存症)の状態に陥る人もいるので、注意が必要です。これは生体の本能的な習性である、(1)ゴールに近づくほど、その努力を加速させる「**目標勾配仮説**」や、(2)ポイントを使って購買する喜びを経験することによって、その頻度が増えていく「**オペラント条件付け**」と関連しています。

　たとえばマイレージを貯めるためだけに飛行機に乗る、特典レベルに到達したいがために無駄な買い物をするなど、ポイント収集自体が目的化してしまっては、本末転倒です。

CMはモノを売る
テクニックの宝庫

　様々な広告テクニックを紹介しましょう。

●ツァイガルニク効果　どちらの雑誌の記事が読みたいですか？

　①1カ月で10キロもやせられた理由は、毎日、食事前に○○を食べたからです。

　②1カ月で10キロもやせられた理由は、実は食事の前に、ある簡単なことを毎日続けたからでした。

　②の方ではないでしょうか。人は自身が達成した事柄より、**達成できなかった事柄**や中断している事柄の方が記憶に残りやすいことを「ツァイガルニク効果」と呼びます。

●カクテルパーティ効果　色々な人が別々の会話をしている喧騒の中で、相手の話だけを聞き取ることができることを「カクテルパーティ効果」といいます。これは、人は意識した対象のみに注意を向ける、**選択的知覚能力**を持っているからです。カクテルパーティ効果を狙った広告では、ターゲット視聴者のデモグラフィックス（世代、子どもの有無、職業など）、ジオグラフィックス（場所、地名など）、サイコグラフィックス（悩み、目標など）に合わせてパーソナルに訴えかけ、選択的知覚を発動させます。

●バーダー・マインホフ現象　あることを意識し始めたとたん、その事例が自身の周りで急に増えたように感じることを「バーダー・マインホフ現象」と呼びます。この現象では、まず、最初の接触によって興味を持ち始めることで、対象に対する**選択的知覚**が発動されます。そして確証バイアス（欲しい情報だけを見聞きすること）により、その興味を満たす情報を無意識に探すようになるため、対象の出現頻度が急に増えたように感じられるのです。

30 秒でわかる! ポイント

ツァイガルニク効果

人は自身が達成した事柄より、達成できなかった事柄や中断している事柄の方が記憶に残りやすい

「続きは CM の後で!」
「詳しくはウェブで!」
などは、「続きが気になる」心理を巧みに利用したものです。中途半端なところで切り上げることにより、物事が気になる状況が生み出されて、記憶に残りやすくなります。

カクテルパーティ効果

いろいろな人が別々の会話をしている喧騒の中で、相手の話だけを聞き取ることができること → 人は選択的知覚能力を持っているため

「薄毛に悩む年配女性のシャンプー」
「世田谷区にお住まいのあなたに耳寄りな話」
「50 代からの自動車保険」
バックグラウンドでテレビをつけていても、自分に関連するキーワードが出てきて「ハッと」させられたことはありませんか?

バーダー・マインホフ現象

あることを意識し始めたとたん、その事象が急に増えたように感じること

典型的な例としてネットマーケティングの「リターゲティング広告」があります。商品を一度クリックしたりサイトを訪れたり、ショッピングカートに入れたりした見込み客に対して、同じ広告を何度も表示します。関心を示した見込み客に対して、その商品を何度も見せることによって「最近、この商品はよく見かけるし、人気があるんだ」と感じさせられれば、後は利用可能性ヒューリスティックによる過大評価と単純接触効果によって購買意欲が自然と高まっていきます。

▶ 04　CMは行動経済学の最強教科書２

悪いことも伝える
両面提示広告

　メリットとデメリットの両方を提示する**両面提示広告**では、消費者が重要視するであろう側面をポジティブに、重要視しない側面をネガティブに伝えることで、商品・サービスの魅力を高めています。これは、**ハロー効果**を狙ったものです。

　さらに両面提示の場合、ポジティブ要因とネガティブ要因のどちらを先に提示するべきかという**順序効果の研究**では、受け手がどれだけ広告を詳細に吟味して理解しようとするかによって効果が違うことが確認されました。

　情報処理の動機が高い場合は初期メッセージに（**初頭効果**）、逆に動機が低い場合は最終メッセージに（**親近性効果**）、より強く影響されるのです。したがって、消費者の関心が高い商品・内容の場合は最初にポジティブ情報を、関心が低い商品・内容では最初にネガティブ情報を提示する方が、最終的な評価が高まる傾向にあります。

　両面提示広告を巧みに利用したものが、訳あり商品です。「訳あり商品」に共通することは、お得感に敏感な顧客セグメントを対象に、それほど重視されない商品属性のデメリットを提示して（訳あり）、次にその消費者が本当に重視する属性に関しては問題ないことを説明し、その分、価格が安いメリットを強調していることです。

　顧客の満足度は購買後の評価と購買前の期待との差で規定されるので、この期待値を低めに設定する「訳」は、最終的には同じ評価でも満足度を高める傾向があります。また、「訳があって安く買えたのだから」と自身の購買決定を正当化するため、衝動買い後に起きる認知的不協和（後悔）も生じにくくなります。

30秒でわかる! ポイント

両面提示広告

（メリット）
容量が多い
カメラの性能がいい

（デメリット）
少しサイズが大きい

消費者が重要視すること	消費者が重要視しないこと

ポジティブ要因とネガティブ要因どちらを先に提示するべきか？

消費者の関心が高い商品・内容

わ〜

最初にポジティブ情報	最後にネガティブ情報

消費者の関心が低い商品・内容

…

最初にネガティブ情報	最後にポジティブ情報

訳あり商品

アウトレット品やB級品、不揃い、半端サイズ、色限定、箱にダメージあり、規格外野菜、ケーキの端切れなどなど、衣料品、工業製品、農水産物、食品といった様々なカテゴリーで見られます。サービス財でも、ホテルで部屋からの眺望が悪い、カラオケルームの隣などの理由で安価に提供されることもあります。

安く
買えた〜

レストランの平日限定、アーリーバード、ハッピーアワーや、小売店の雨の日セールなども広い意味では「訳あり商品」と言えるでしょう。訳（理由）は利用に時間的制限があることで、味や品質といった本質的なものは同等だけど、よりお得に飲食ができることを訴求したものです。

売り手にとっては、正規品の価格参照点を下げずに、規格外品を売ったり在庫処分ができたりするため、価格に敏感な顧客セグメントに売り込む大義名分となります。

18

マーケティング

恐怖をあおる広告の裏事情

　人間はポジティブな情報よりも、ネガティブな情報に注意を向けやすく、そちらの方が記憶に残りやすいものです。これを「**ネガティビティ・バイアス**」と呼びます。たとえば、ネットのレビューサイトでは、ポジティブな評価よりもネガティブな評価の方を重視する、メディアには、いいニュースより悪いニュースの方が圧倒的に多い（悪いニュースの方が視聴率が高い）、政治家は競争相手に対してネガティブ広告を多用する、など例を挙げればキリがありません。

　この人間の特性を利用した恐怖をあおる営業手法も多々、見られます。悪徳リフォーム業者の「お宅の家には不具合があります。すぐに対策をとらないと崩壊しますよ！」や、テレビCMの「まな板には菌がウヨウヨいます。**今すぐ○○で除菌を！**」は古典的な例でしょう。

　ただし、恐怖をかきたてて一方的に商品の購買を迫ることは、シロアリ退治の悪徳業者と同じであり、消費者は売り手に対して悪いイメージを持つでしょう。恐怖をあおった広告が効果的であるためには、以下の4点を満たすことが重要です。

1．恐怖を与える
2．解決するために消費者がとるべき行動の提案
3．自社製品が恐怖を解消してくれるという信頼の訴求
4．消費者が簡単にその解決策をとれることの訴求

ネガティビティ・バイアス

人間はポジティブな情報よりも、ネガティブな情報に注意を向けやすく、そちらの方が記憶に残りやすい

悪いレビューばっかりだ…

最悪の店です！

二度と行きません！

店員の態度が悪いです！

| 殺人 | 詐欺 |
| 横領 | 不倫 |

イヤな世の中だ…

たとえば…効果的な恐怖広告「風呂釜の除菌剤：ブランドA」

1. 恐怖：雑菌の中での入浴
2. 対策：風呂釜を除菌すること
3. 信頼：ブランド A は除菌力 NO.1
4. 簡単：ブランド A を風呂釜に入れて
   湯を沸かすだけ

除菌 NO.1

ブランド
A

風呂釜に入れて
湯を沸かすだけ

恐怖や対策面では事実のみに言及し、問題解決の主導権はあくまでも消費者に与えるというのが、企業側のとるべきスタンスです。そして、消費者が合理的に判断すると（つまり簡単に使えて、性能が No. 1）、選択肢はおのずと自社製品になる、という流れになっているのが共通点です。

▶ 05 オークション

ヤフオクで
競り落とした後
後悔しないために

　インターネットのおかげで、一般の人もオークションに手軽に参加できるようになりました。終了間際に入札した金額で商品を落札できたが、後で冷静になると、本来、自分が払いたかった価格（留保価格）より高かった、という経験をした方も多いのではないでしょうか？

　ここでは、3つの心理的要因が影響しています。

　1つ目は、自分の信条や意見を典型的なものと考え、同じ状況にあれば他者も自分と同じ選択や行動をするだろうと考える「**偽の合意効果**」です。他の参加者も同様に「偽の合意効果」にはまっている可能性があるため、入札価格が留保価格以上に上がる傾向があります。

　2つ目は**保有効果**です。最初の入札時点から、自分はあたかもその商品を保有しているような感覚が続きます。ここで退くことは商品を失うことになるため、損失を回避したいという心理が働きます。また、オークション開催中ずっと価格をチェックしたり考えたりしていたという時間や労力に関するサンクコストを、落札することで回収したいという気持ちもあるでしょう。

　3つ目は「約束の段階的拡大」をもたらす**コミットメント効果**です。目的が商品を入手することから、オークションで勝つことに変わってしまい、それを果たすべく感情的に入札するという行動にエスカレートしてしまうのです。

　商品に対する価値は人によって違いますが、本人がその評価額を分かっている場合、公開競り上げオークション（「イギリス型」と呼びます）において最適な戦略は、**自分の評価額（留保価格）まで応札に参加する**、ということがオークション理論から分かっています。

30 秒でわかる！ ポイント

オークションで希望していた価格（留保価格）より高くなってしまうのはなぜか？

その1　偽の合意効果

同じ状況にあれば他者も自分と同じ選択や行動をするだろうと考えること

> 他の人も 3000 円くらいにするだろうから、4000 円にしておこう！

その2　保有効果

自分があたかも商品を保有しているかのような感覚

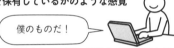

> 僕のものだ！

その3　「約束の段階的拡大」をもたらすコミットメント効果

目的が商品を入手することから、オークションで勝つことに変化。
そのため感情的に入札してしまう

> これほしいな〜

> 絶対手に入れてやる‼

¥50000 入札

理論的に最適な戦略、つまり合理的な入札行動をとるには？

（1）保有効果、サンクコストの誤謬、「約束の段階的拡大」を防ぐ
　　ために、入札を早い段階からしない。

（2）「偽の合意効果」を防ぎ、冷静さを保つために、他の参加者の
　　入札行動を観察しない。

ということが有効です。つまり、オークション終了直前に自動高値更新設定
を使って、自身の評価額（入札価格）を入力するのが正解なのです。

> まだ参加
> しないぞ…

オークション
開始

> 他の人のは
> 見ない

入札！
3800 円

▶ 06　ソーシャルゲームの罠

はまると
抜け出せない
心理的要素

　オンライン上のソーシャルゲームは消費者の心理を巧みに突いており、今まで紹介した数々の心理効果を組み合わせています。

　ガチャでは、ゲームを有利に進めるために道具やキャラクターなどのアイテムを揃える必要があります。ゲームを止めると今までの投資が無駄になってしまう、という感覚がゲームを継続させてしまうのです。ゲームを止めないことに対する機会費用を十分に考慮できない、これはまさに**サンクコスト**の誤謬です。

　また、多くのゲームではアイテムやその他の手段によってキャラクターをカスタマイズできる仕組みがあります。こうなると、プレイヤーは自分が育成したキャラクターに、単なる保有効果以上の愛着を感じてしまい手放せなくなる**イケア効果**が発生して、ますますゲームを止められなくなります。

　これに追い打ちをかけるのが、他のプレイヤーとコミュニケーションを図ったり、共有したり、競ったりできる社会的な側面です。これは強い**同調効果**を生み出します。自分独自のキャラクターを自慢したい、ほめてほしい。人は誰でも他人に認められたいという承認欲求があります。

　さらに、スコアやクリアしたステージのランキングが他のプレイヤーと共有されれば、競い合うモチベーションも高まって、ゲームを続けてしまいます。あるいは他のプレイヤーと共有・協力しているので、自分だけの都合では止めづらいこともあるでしょう。

　このようなゲームの心理的要素を、教育、健康（禁煙、ダイエット、エクササイズ）、自己投資（貯蓄）などエンターテイメント以外のより実利的な分野に応用するのが**ゲーミフィケーション**です。

30秒でわかる！ ポイント

オンラインソーシャルゲームの心理効果

ガチャ → サンクコストの誤謬

ゲームを止めると今まで揃えたアイテム（投資）が無駄になってしまう。ゲームを止めないことに対する機会費用を十分考慮できていない

アイテム・キャラカスタマイズ → イケア効果

自分が育成したキャラクターに単なる保有効果以上の愛着を感じてしまい、ゲームがやめられなくなる

プレイヤーとのコミュニケーション → 同調効果

スコアやクリアステージの共有 → 競争モチベーションUP

ソーシャルゲームの発展：ARとVR

最新のソーシャルゲームではリアルとの融合も起きており、ゲームと現実という2つの世界の区別がなくなりつつあります。2017年に世界中で爆発的に流行した『ポケモンGO』では、スマートフォンのGPSとカメラに連動して、その場の風景の中にキャラクターが登場します。さらに現時点の天候情報を使うことによって、ゲームの内容や背景が変化するという凝りようです。このような技術は「AR（拡張現実）」と呼ばれ、これもまた人を虜にしています。

「VR（仮想現実）」では、専用のゴーグルで人間の視界を覆って、顔の向きや傾き、あるいはユーザーの位置に合わせて360°映像を制御することにより、あたかも自分が仮想空間の中に入り込んだかのような感覚を得ることができます。そして、映像の中を自由に移動したり、モノを動かしたり、他の参加者と交流したりといった没入感の高い体験も可能となっています。

▶ 07 確証バイアスの効果

事前の知識が
価値を高める

　ワシントン・ポスト紙に掲載されたジーン・ウェインガーテン氏による2007年4月の記事「**朝食前の真珠**」を紹介しましょう。

　この記事は、ラッシュアワーで慌ただしいアメリカの首都ワシントンの地下鉄駅構内で、世界的に有名な演奏家**ジョシュア・ベル**が、素性を隠しストリート・ミュージシャンとしてバイオリンを弾いた時の人々の反応を書いたものです。

　グラミー賞も受賞したジョシュア・ベルは、カジュアルな服装に野球帽をかぶると、**1億円以上もするストラディバリウス**でコンサートと同じ曲を弾きました。45分間の演奏中、ベルの前を通った1097人のうち、立ち止まって耳を傾けたのはたった**7人**。半数以上の人は見向きもせずに目的地に向かっていったのでした。もらったチップはわずか32.17ドル、そのうちの20ドルはベルと気づいた一人からのものでした。

　この状況は隠しカメラによってビデオ撮影もされていました。ウェインガーテンはこの記事で、新聞などの報道、文学、作曲に与えられるアメリカでもっとも権威ある**ピューリッツァー賞**を獲得しました。

　その分野の専門家でもない限り、一流のものとそうでないものの区別は、一般人にはなかなかつきません。しかし事前に「大変、貴重なものだ、高価なものだ」という情報を知ると、そう見えてくる、そんな感じがしてくる効果は、まさに**確証バイアス**（自分が欲しい情報だけを探し、信じること）の一種といえるでしょう。

著名なバイオリニストも確証バイアスが欲しい？

2007年4月　ワシントン・ポスト紙　「朝食前の真珠」

世界的なバイオリニスト　ジョシュア・ベル

> グラミー賞も受賞

▶ | 素性を隠して駅構内で演奏 |

ほへー

→ 45分間の演奏中、立ち止まって耳を傾けたのは1097人のうち7人
チップは32.17ドル（うち20ドルはベルと気づいた1人）

> その分野の専門家でもない限り、一流のものとそうでないもの
> の区別はつかない
> しかし事前に「大変貴重で高価なものだ」と知ると、そう見えて
> くる確証バイアスの一種

18

マーケティング

▶ 08　ビールのテイスティング

事前の知識が
経験自体を変える

　もし情報（有名演奏家）が消費（演奏）の後に与えられたのならば、人はどう判断するでしょうか？　右は、リーらによる興味深い実験です。

　結果をまとめると、バルサミコ酢入りビールを好んだ人の割合は、**【ブラインド条件】≅【事後条件】＞【事前条件】**となりました。つまり、ビールを飲んだ後でバルサミコ酢のことを知った被験者は、そのことを全く知らない被験者と同じくらい気に入ったのですが、そのことを試飲前に知ってしまうと、選好は大きく下がるのです。

　このことから何が分かるでしょうか。経験（ビールの消費）が知識に惑わされないのであれば、バルサミコ酢が入っているという知識は試飲の前に得ようが、後に得ようが、ビールの選好には同じ影響をもたらすはずです。したがって、ここでは、**知識が経験自体を変えた**と解釈すべきです。

　事前条件の場合は、飲んだ時に感じた普段と少し違う味や曖昧性の理由を、ビールに本来入れるべきでない添加物（バルサミコ酢）のせいだと思い、試飲自体がネガティブな経験に仕立て上げられたのでしょう。他方、事後条件の場合には、不自然な味はこのビールの特徴であって、必ずしも（飲んだ後初めて存在を知った）添加物のせいではないと考え、試飲経験は中立のままなのです。

　ビジネスでは、**消費者の経験に影響を与える確証バイアス**を理解することが重要です。高級レストランであれば、味だけでなく、豪華な内装や雰囲気、ウェイターのマナー、美しい食器、これら全てが食事経験に重要な役割を果たします。つまり消費者の期待を上げることが、経験全体の質を上げることにつながるのです。

30秒でわかる! ポイント

バルサミコ酢入りビールのテイスティング実験

まずはテイスティング用に2種類のビールを60mlずつ用意しました。Aはふつうのバドワイザー、Bはそれにバルサミコ酢を微量(10mlに対し1滴)加えたものです。そして被験者を3つのグループ(ブラインド条件、事前条件、事後条件)に分けて、それぞれ異なった状況でテイスティングをしてもらいました。

A
バドワイザー

B
バルサミコ酢入り
バドワイザー

ブラインド条件では、事前・事後ともに何も伝えずに2種類のビールを試飲してもらった後で、どちらが好きか評価させます。事前条件では、この2種類のビールの中身を説明した上で試飲させて、どちらが好きか評価してもらいます。

事後条件では、両方のビールをまず試飲させてから、AとBそれぞれの中身を明かして、どちらが好きか評価してもらいます。中身を知った後に回答を変えてしまう後知恵バイアス(バルサミコ酢入りのBの方が好きだと言うと味音痴だと思われてしまう)の影響を最小限に抑えるために、どちらが好きかの評価は、(1)自己申告、(2)選んだ方のビールを1杯無料でプレゼントする、(3)レシピ(10mlに対し1滴の割合)とともにバルサミコ酢を離れたテーブルに用意して、プレゼントしたバドワイザーに自発的に酢を加えるかを隠れて観察する、の3通りで判断しました。

Aはバドワイザー、Bはバルサミコ酢入りバドワイザー、どちらが好きですか?

うーん

> **バルサミコ酢入りビールを好んだ人の割合は、**
> **【ブラインド条件】=【事後条件】>【事前条件】となった**

▶ **知識が経験自体を変えたと解釈できる**

事前条件の場合は、飲んだ時に感じた違和感の理由を、バルサミコ酢のせいだと思い、試飲自体がネガティブな経験に仕立て上げられた

なんかおかしいのはバルサミコ酢のせいだ!!

18

コカ・コーラは
脳を活性化させる!?

　1980年代に日本でも行われた「ペプシ・チャレンジ」キャンペーンは、一般消費者を対象にペプシコーラとコカ・コーラをブラインドで飲み比べさせたら、多くの人がペプシを好んだというCMです。

　一方、両方のコーラのラベルを隠さなかったコカ・コーラ社による味覚調査では、より多くの人がコカ・コーラを好んだ結果になりました。これは確証バイアスの影響と考えられますが、**神経経済学の観点**から研究したサミュエル・マクルーアらの論文を紹介しましょう。

　彼らはfMRIを用いて、コカ・コーラとペプシコーラを飲んだ時、脳のどの部位が活性化するかを、ブランドを見せた場合と隠した場合とで比較しました。

　実験は、被験者がfMRIの大騒音の中で仰向けになり、口に咥えたチューブから液体を流し込まれるという、通常コーラを飲む状況とは大きく異なった環境で行う必要がありました。

　ブランド名が伏せられた場合は、どちらのコーラでも口に入った時、感覚（味覚）と快楽（糖分）を感じる脳の**前頭前野腹内側部（VMPFC）**が活動しました。一方、ブランド名を明かした場合は、コカ・コーラだけ、脳の**前頭前野背外側部（DLPFC）**が反応したのですが、ペプシコーラでは反応しませんでした。DLPFCは、短期記憶や連想などの高度な認知機能を司る部位です。これはペプシコーラにはないコカ・コーラに対する特別な文化的感情やブランドイメージが、高次の脳機能を活性化させたと考えられます。

　この実験から著者らは、**VMPFCは感覚**を、**DLPFCは感情**を、と別々の要因に影響を与えて、対象への選好が形成されると結論づけました。

30秒でわかる! ポイント

ペプシ・チャレンジ

ブラインドでペプシコーラとコカ・コーラを飲み比べる

A　　　　　　　　　B

多くの人が
ペプシコーラを好んだ

コカ・コーラの味覚調査

ラベルありの飲み比べ

コカ・コーラ　　　　　　　　ペプシ

多くの人がコカ・コーラ
を好んだ
→確証バイアスの影響

マクルーアらの論文

ブランド名を伏せられた場合…

どちらのコーラも前頭前野腹内側部
(VMPEC)が活動

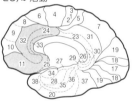

ブランド名を明かした場合…

コカ・コーラだけ、脳の前頭前野背外側
部(DLPFC)が反応
ペプシコーラにはないコカ・コーラに
対する特別な文化的感情やブランドイ
メージが、高次の脳機能を活性化させた

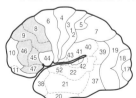

18

マーケティング

211

▶ 10　顧客満足

消費者の期待値を上げすぎない

　満足した顧客は、リピート購買の可能性が高まるだけでなく、**ポジティブな口コミ**によって、他の消費者からビジネスを得る機会につながります。逆に不満を持った顧客は商品を返品したり、ネガティブな口コミを流したり、公的手段による苦情や訴訟を起こしたりします。そのため近年、多くの企業は業績指標の1つに**顧客満足度**を取り入れています。

　消費者は高価格の製品・サービスに対しては高い期待を抱くため、価格以上の評価をもたらさないと満足度は上がりません。逆に低価格でも、予想外に評価が良かった場合には、高い満足をもたらします。そこで一般的に、顧客満足度は**購買後の評価と購買前の期待との差**で定義されます。

　人は利得増加より**損失回避の影響を強く受ける**ため、売り手は期待値を控えめに設定して、顧客が損失感を持たないようにするべきです。たとえばサービス産業では、顧客が不満を抱かないように、待ち時間は実際より長めに伝えます。

　買ってもらうために、誇大広告などで商品に必要以上の期待を抱かせると、大きな不満につながってしまい、リピート購買や口コミにダメージが出ます。かといって、ある程度の期待を抱かせないと、購買してもらえないというジレンマもあります。さらにテイスティングの例で見たように、消費者が抱く確証バイアスの影響から、期待値を上げることは、経験全体の質を上げることにつながります。そのため、**どこまで期待値を上げるべきか**のバランスは難しい判断になります。

本当は安くない最低価格保証

最低価格保証は、顧客に購入価格に関する認知的不協和を抱かせない作用があるため、購買後の満足度を上げる効果があることは第11章1節で説明しました。

顧客側から見れば、とりあえずこの店に来れば、わざわざ自分で価格比較のためにたくさんの店を巡る必要はないというメリットがあります。店舗側にとっても、競合店の価格調査を自らの労力をかけて完璧に行わずとも、消費者が肩代わりしてくれるというメリットがあります。

しかし、実はそれ以外に、異なる受け手に対して、違ったメッセージを同時に発していたことをご存じでしょうか?

まず、これから買おうと思っている人に対しては、「当店はどこよりも安いので、ここで買えば間違いありませんよ」という意味で、新規顧客や潜在顧客を誘引する役目を果たしています。

同時に、すでにこの店で買った顧客に対しては、「もっと安く売っている店があったと、後悔することはありません。あなたは正しい選択をしたのですよ」というメッセージにより、顧客満足度を高める効果があります。

ここまでは消費者にとっていいことずくめなのですが、実は最低価格保証は競合店に対して「値下げ競争は無駄だから止めましょう」という暗黙の価格カルテルを発信しています。

したがって最低価格保証がある場合の方が、市場価格が高いレベルに落ち着く傾向があります。さらに、ポイントや無料延長保証の有無、キャンセルポリシーの違いなど、価格の構造自体が複雑化しており、同一条件下での価格比較ができずに最低価格保証に該当しないケースも多々あります。

あなたは正しいです!
安く買えた〜
値下げ競争ムダですよ〜

最低価格保証がある場合の方が、市場価格が高いレベルに落ち着く

▶ 01 行動ファイナンス

投資家は
完全に合理的
ではないけれど

　行動経済学の概念を金融に適応したものが「**行動ファイナンス**」です。この分野で貢献のある代表的な研究者は、2013年にノーベル経済学賞を受賞した**ロバート・シラー**でしょう。彼は、1990年代末から、様々なITや不動産業界などのバブル現象を研究してきました。

　伝統的な経済学では、参加する投資家は基本的に合理的に行動することを仮定して、**市場の均衡**などが分析されてきました。特に金融市場は、参加者の数が非常に多く、資金と情報が瞬間的に動くため、これが有用なアプローチと考えられてきました。

　ここでの重要な仮定は、裁定取引が瞬時に働く、摩擦のない市場の存在です。「**裁定取引**」とは、割安な株を購入して割高な資産を売却することで利益を最大化する投資家の行為、「**摩擦のない市場**」は、投資家がリスクもコストもかけずに裁定取引ができる環境です。

　このような効率的市場仮説の下では、株式を含めてあらゆる資産の市場価格は、その資産の真の経済的価値（**ファンダメンタルズ＝将来の利益の割引現在価値**）に等しいとされています。

　一方、投資家は完全に合理的ではなく、資産価値はファンダメンタルズから乖離することがよくある、というのが行動ファイナンスの立場です。

　実は伝統的な経済学においても、一部の投資家が非合理的であっても、資産価値＝ファンダメンタルズになることが、**ミルトン・フリードマン**らによって提唱されています。これは裁定取引がスムーズに働けば、非合理的な行動は、合理的な投資家がそれを機会と見て利用するため、非合理的な投資家は取引に失敗して市場からの撤退を余儀なくされるからです。

30秒でわかる！ポイント

株価におけるファンダメンタルズとは？

株価におけるファンダメンタルズとは、効率的市場仮説、つまりリスクもコストもない「摩擦のない市場」で、超自制的・超合理的・超利己的な存在（ホモエコノミカス）だけで取引を行った場合に算出される、株式を含めたあらゆる資産の市場価格のことを指します。

具体的な数式で表すと

▼

まず、t 期の株価をS_t、配当をD_tとします。
仮にt 期で購入した株式を $t + 1$ 期で売却した場合、投資のリターンは株価の上昇によるキャピタルゲイン$S_{t+1} - S_t$と、配当のD_{t+1}の合計になります。
ここから収益率Rを算出するには元の株価であるS_tで割ればいいので、以下(1)の式で表せます。

(1)

$$R = \frac{S_{t+1} - S_t + D_{t+1}}{S_t}$$

(1)の式を S_tで解くと、1 期先の株価S_{t+1}と配当 D_{t+1} が算出でき、(2)の式が導けます。

▶

(2)

$$S_t = \frac{S_{t+1} + D_{t+1}}{1 + R}$$

(2) の式と同様に、$t + 1$ 期の株価 S_{t+1}は以下の式で表せます（この時、R は一定と仮定する）。

$$S_{t+1} = \frac{S_{t+2} + D_{t+2}}{1 + R}$$

上記の式から$t + n$ 期の株価 S_{t+n} を表す場合、以下 (3) の式のようになります。

(3)

$$S_{t+n} = \frac{S_{t+n+1} + D_{t+n+1}}{1 + R}$$

これら将来の株価を (2) の式に逐次的に代入すると、S_tは以下のように表せます。

$$S_t = \frac{D_{t+1}}{1 + R} + \frac{D_{t+2}}{(1+R)^2} \cdots + \frac{D_{t+n}}{(1+R)^n} + \cdots = \sum_{n=1}^{\infty} \frac{D_{t+n}}{(1+R)^n}$$

仮に毎期 gの率で配当が増加するとした場合、D_tの配当をDとすると、株価は以下となります。

$$S_t = \sum_{n=1}^{\infty} \frac{(1+g)^{n-1} D}{(1+R)^n} = \frac{D}{R - g}$$

※企業業績を反映する収益率 Rと配当成長率 g は時間によって変動しますが、基本的にこの式が、株価＝ファンダメンタルズ（D、R、g の関数）関係を表しています。

▶ 02　ノイズトレーダーリスク

資産価値が
ファンダメンタルズ
から乖離する原因

　伝統的な経済学における非合理的な投資家の行動を許容する説明では、裁定取引がスムーズに働くという前提があります。一方、行動ファイナンスでは、**非合理的な投資家（ノイズトレーダー）** が存在すると、十分な裁定取引が行われないために、市場が非効率的になると主張されています。以下がそのロジックです。

　ノイズトレーダーの非合理的な行動から、株価がファンダメンタルズより下落したとします。その場合、合理的投資家は利益を期待してその株式を割安で購入して将来、株価がファンダメンタルズの水準に戻った時に売却するという裁定取引を行おうと考えます。しかし、悲観的になったノイズトレーダーの影響で、**短期的にはさらに株価が下落するリスク** もあります。

　もし株価がファンダメンタルズの水準に戻る前に、価格の下落から不安になった裁定資金の提供者（個人投資家など）が資金を引き揚げるなどすれば、合理的投資家はその株を売却することによって損失がさらに増えてしまいます。この危険性を事前に予期する合理的投資家は裁定取引を行わないため、価格がファンダメンタルズの水準まで修正されません。つまり、この「**ノイズトレーダーリスク**」から、合理的投資家は裁定で儲けられる機会を放置するため、本来、株価の歪みを取り除くはずの**裁定取引が十分に進まない** のです。

　投資家が（ノイズトレーダー）リスクやコスト（手数料や規制）をかけずに裁定取引ができる「摩擦のない市場」は非現実的であるため、資産価値がファンダメンタルズから乖離することはよくある、というのが行動ファイナンスの主張です。

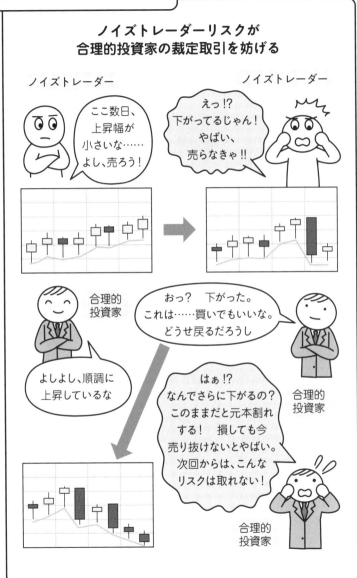

▶ 03　非合理的な投資家の心理

様々なバイアスによって市場は影響を受ける

　今まで見てきたように、非合理的な投資家の行動は市場に大きな影響を与えるため、その心理を理解することは実務的にも有益です。投資家心理に関する要因は、図のように大きく4つに分類できます。

　1つ目は、**利用可能性**、**代表性**、**固着性**という3種類のヒューリスティックです。これらの直観型思考を用いると、第2部で説明したように様々なタイプのバイアスが生じます。その他、サンクコスト（埋没費用）の誤謬、時間的圧力、情報過負荷も大きなバイアスを生み出します。

　2つ目は**価値**、**リスク**、**時間に対する選好**です。ここでは、価値関数に代表される損失回避と利得に対するリスク回避と損失に対するリスク追求、不確実性を主観的確率で判断する確率加重関数、長期より短期を過大評価する双曲型割引と現状バイアスが含まれます。

　3つ目は第10章3節の**社会的外部性**です。その中でも、「みんなが買っているから」という同調効果、あるいはハーディング現象は、バブルを発生させる大きな要因になります。

　4つ目は第10章4節で紹介した**感情に基づいた行動**です。

　国債のような安全資産と比較して株式の収益率が、効率的市場仮説から予見される値と比べて大きすぎる（＋5～7％）現象のことを「株価プレミアムパズル」といいます。つまり、合理的な投資家がリスクを引き受ける代わりに期待する収益率よりも、現実にはかなり高いレベルで株式が取引されているのです。セイラーらはこれを、より直近の株価の変化を過大評価し、利得より損失を2.5倍強く感じる損失回避、つまり投資家の「**近視眼的損失回避**」によって説明できるとしています。

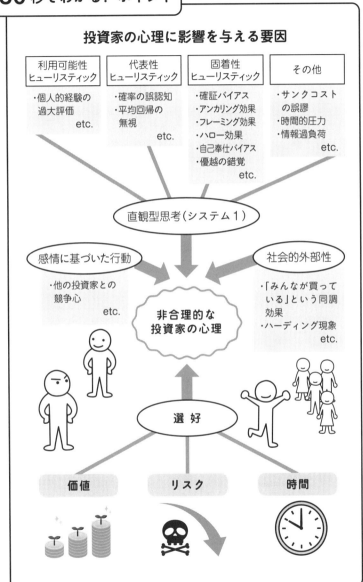

投資家の心理に影響を与える要因

利用可能性ヒューリスティック	代表性ヒューリスティック	固着性ヒューリスティック	その他
・個人的経験の過大評価 etc.	・確率の誤認知 ・平均回帰の無視 etc.	・確証バイアス ・アンカリング効果 ・フレーミング効果 ・ハロー効果 ・自己奉仕バイアス ・優越の錯覚 etc.	・サンクコストの誤謬 ・時間的圧力 ・情報過負荷 etc.

直観型思考(システム1)

感情に基づいた行動

・他の投資家との競争心 etc.

社会的外部性

・「みんなが買っている」という同調効果
・ハーディング現象 etc.

非合理的な
投資家の心理

選 好

価値   リスク   時間

▶ 04　バブル

合理的投資家と非合理的投資家の相互作用

　効率的市場仮説が成立しないため資産価値がファンダメンタルズから乖離する、という現象に**正のフィードバック**が加わると**バブル**が発生します。

　バブルといえば、1920年代大恐慌前のアメリカ株式市場、80年代日本の不動産と株式市場、90年代末の IT 関連株、2008年頃のアメリカのサブプライムローン関連株、など様々な事例があります。この買いが買いを呼ぶメカニズムを行動経済学的に考えてみましょう。

　非合理的な投資家は、最近の実績や株価のトレンドがその企業のファンダメンタルズを代表するものと評価して、それを基に外挿することによって将来の業績や株価を予想することも多いでしょう。このことは確率の誤認知や平均回帰の無視によるバイアスを受けて、好業績（悪業績）が続くとこの先もそうなる、と判断して**将来の株価を過大（過小）評価する傾向**を生み出します。このような正のフィードバックがバブルの原因のひとつなのです。

　さらに、このような非合理的投資家の心理を理解して、そこから利益を得ようとする合理的な投資家の行動は、今のうちに株式を購入して次期に高値で売却すること、になります。

　これは市場を安定化させる裁定取引とは逆の方向であるため、正のフィードバックを強めます。その結果、非合理的な投資家のバイアスをさらに悪化させて、投資を促します。このような**合理的投資家と非合理的投資家の相互作用**が、バブルに拍車をかけるのです。

　もちろん、バブルが永遠に続くはずはありませんし、非合理的な投資家でさえそれは分かっています。バブルがはじける前に売り抜ければいいと考えているのです。

30秒でわかる！ ポイント

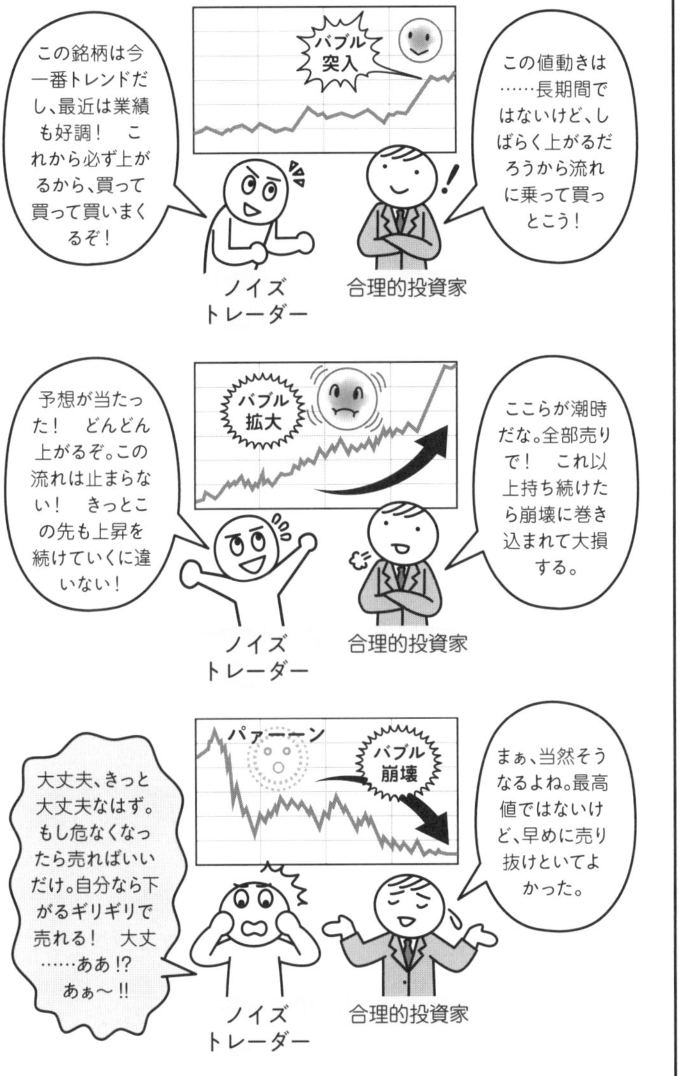

▶ 01　ピア効果

人は良くも悪くも
周囲に影響される

　チームで遂行しているプロジェクトに、生産性の高い優秀な人が加わった時、既存のメンバーの生産性は上がるのでしょうか、それとも下がるのでしょうか。

　生産性が上がる理由を考えてみましょう。優秀な新人が参照点となって、既存メンバーの生産性が損失と解釈されれば、それを回避しようとする**同調効果**が存在します。既存メンバーも頑張らなければいけない、と新人に対する正の互恵性もあるでしょう。あるいは、既存のメンバーが優秀な新人から高い生産性を学習したり、新人からの精神的なプレッシャーを受けたりする可能性もあるでしょう。

　他方、**生産性が下がる理由**としては、新人の高い生産性への**フリーライド（タダ乗り）**、つまり負の互恵性が挙げられます。

　このように生産性の変化の方向は、どの要因からの影響が大きいかによって違います。したがって、経営的にはこれらの要因を適切に管理することが重要になります。

　グループのメンバーが、他のメンバーの行動や性格から影響を受ける現象を、広く「**ピア効果**」と呼び、**正と負の両方向が存在**します。

　では、新たに加わった優秀な人の生産性はどう変わるでしょう？

　既存メンバーの仕事がみんな遅くて、自分もその影響を受ける正のピア効果があれば、生産性は下がることになります。

　一方、負のピア効果の可能性もあります。既存メンバーを引っ張っていかなければと新人が頑張る結果、生産性が上がるのです。

　教育分野の研究では、同じ成績でも、グループの中で一番良い場合は一番悪い場合と比べて、その後の成績が伸びる負のピア効果が確認されています。同調効果ではなく「井の中の蛙」効果ですね。

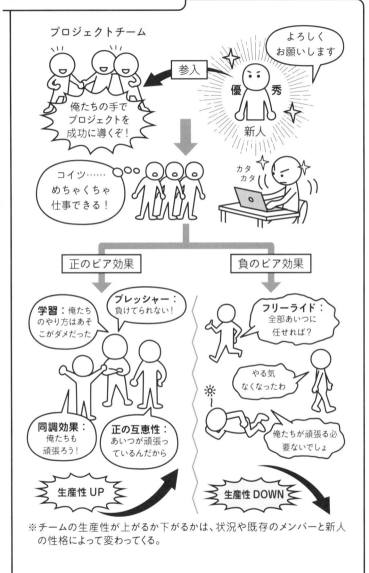

※チームの生産性が上がるか下がるかは、状況や既存のメンバーと新人の性格によって変わってくる。

▶ 02　お金と仕事：仕事の意味

仕事への意欲は
やりがいで決まる

　仕事への意欲はお金だけではないことを、行動経済学的に分析したアリエリーらの興味深い実験を紹介しましょう。

　被験者は **LEGO ブロック**のモデルを、希望する数だけ、個室で作り続けます。作業の報酬は完成したモデルの個数によって決まりますが、数が増えるにつれて1個当たりの報酬は減っていきます。組み立てには約10分かかるので、1個当たりの報酬があまり低くなると割に合わなくなって作業を止めます。

　実験では、被験者を**意味のある作業グループ**と**意味のない作業グループ**の2つに分けました。前者では、完成したモデルが並べられて、その数に応じて報酬が支払われます。一方、後者では、モデルが1つ完成するたびに係員が数を確認した後、その場ですぐに取り崩されます。報酬は最初のグループ同様、組み立てた数に応じて支払われます。

　前者では**平均10.6個（14.40ドル）**、後者では**平均7.2個（11.52ドル）**が組み立てられました。この結果から、**作業への意欲はお金だけではない**ことが如実に分かります。

　仕事に意味がないと、やりがいが感じられなくなります。仕事の結果が見えないと、達成感が得られません。いずれの状況でも、仕事へのやる気が失せてしまうのです。

　逆に、お金が人の評価・判断基準を変えてしまう例を紹介しましょう。あるイスラエルの幼稚園では、**遅刻対策**として罰金を科すルールを設けました。すると驚いたことに、遅刻が逆に増えてしまいました。調査の結果分かったのは、遅刻がモラルの問題ではなく、**金銭で取引できる行為だと解釈が変わってしまった**ため、お金を払えば、どうどうと遅刻できると考えるようになったのです。

30秒でわかる! ポイント

- **実験内容**：被験者は 2 つのグループに分かれて LEGO を組み立ててもらい、完成したモデルの数に応じて報酬が支払われる。

意味のある作業グループ	意味のない作業グループ
完成した LEGO ブロックの作品を、その形のまま保存して並べ、その数に応じて報酬が決まるグループ。	完成した LEGO ブロックの作品を保存せずに取り崩して、その数に応じて報酬が決まるグループ。

結果

結果

平均10.6個完成

平均7.2個完成

14.40ドルの報酬

11.52ドルの報酬

自身の手がけた作品が手元に残ることがやりがいに繋がり、やる気UP！

自身の手がけた作品が手元に残らないため、やりがいがなく、やる気DOWN！

10 hour
Behavior al **20**
Economics

経営・
自己実現

▶ 03 外的報酬と内発的動機

金銭的報酬で、
逆にやる気を失う

　心理学者エドワード・デシの実験を見てみましょう。被験者は複数回の休憩をはさんで、面白いパズルを解きます。**処置群**では、解いたパズルの個数に応じて報酬が支払われます。一方、**統制群**では金銭的な報酬はありません。

　２つの群の休憩中の行動の違いを調べると、統制群の方が**休憩中にパズルを解く時間が長かった**のです。処置群では、金銭的報酬をもらうと、本来面白いはずのパズルでも休憩することが分かりました。

　仕事をする動機には、外発的なものと内発的なものの２種類があります。外発的動機には**外的報酬**や**外的刺激**（上司や客からの圧力）が含まれます。他方、内発的動機は本人の内部から発生するものです。**顧客に喜ばれた**、**自身の充実感や達成感**、同僚に感謝されたなど、仕事をしていて例外的に良い感じを持った状況が記憶に残り、仕事すること自体から喜びを感じます。

　デシは、人は内発的に動機づけられた行動からは、自己を**有能で自己決定的**であると感じられると主張し、**自己決定の理論**を提唱しました。

　業績を条件とした外的報酬は、確かに動機づけには影響を与えますが、本当に生産性を上げるのでしょうか。この理論が示唆するのは、外的報酬の負のインパクトです。

　仕事が金銭的報酬を得るための手段に変わるということは、お金のために働くことです。内発的動機づけが低いと、最低限をクリアし、ベストを尽くさない状態になります。

　この理論は、外的報酬は**有能さに関する情報として使うべき**であり、稼いだ額への報酬として使うべきでないことを提起しています。

自己決定の理論

1. 有能さと自己決定の感覚が高くなれば、満足感は増加する。

2. 外的報酬は2つの側面を持つ。
統制的：受け手の行動を統制し、その活動に従事させる
情報的：報酬の受け手に自己決定的で有能であることを伝える

そして、統制的側面が情報的側面より強い場合は、自己決定の感覚が弱まって、外的報酬を獲得するために仕事をしていると知覚し始める。逆に、情報的側面が統制的側面より強い場合は、自己決定と有能さの感覚が強まり、内発的動機で仕事に従事する。

【自己決定度の尺度】

・合計点数が高いほど、自己決定の度合が高い。

5点満点
で評価

・トップの経営方針と自分の仕事との関係を考えながら仕事している	4
・上司から権限移譲がなされている	3
・自分の意見が尊重されている	4
・21世紀の自分の会社のあるべき姿を認識している	5
・良いと思ったことは周囲を説得する自信がある	2
・結果の見通しがつかない仕事でも、積極的に取り組める	3

20

経営・自己実現

▶ 04　自己管理

「自身へのナッジ」を構築する方法

　今日からダイエットすることを決意したが、ついケーキを間食してしまった。健康のために禁煙することに決めたが、いざ次の日になると目の前のタバコを吸ってしまう。資格試験の勉強をしなければならないのに、ゲームに没頭して先送りしてしまった。

　これらは、自分にとって長期的に大きな価値をもたらすことは分かっていながらも、短期的な誘惑に屈してしまう選好の逆転による**「先送り」行動**です。すでに第3章3節で説明したように、対象までの時間的距離が近いほど割引率が高いため、**目先の利得を過大評価**してしまう現在バイアスの影響です。

　このような非自制的な行動を管理するためには、第17章にある**ナッジ設計のアプローチ**が有用です。さらに、これらの手段を組み合わせたり、ご褒美や罰金のような金銭的インセンティブを入れ込んだりすることによって、より効果的な「自身へのナッジ」を構築できます。

　たとえば、**「プラニング」**では、長期的な目的を、段階を経た短期的な小目標に変えて実行しやすくします。日々の活動を「習慣化（デフォルト）」させることも有効です。**「社会的選好」**を用いて、SNSに自身の目標を宣言して進展状況を報告したり、非自制的な行動をした時は友人に食事をおごる罰を作ったり、同じ目標を持っている人たちのコミュニティに入ったりするのもいいでしょう。毎日、体重を記録する**「フィードバック」**は、ダイエットを続ける励みになります。**「コミットメント」**であれば、自制できたら自分へのご褒美を、自制できなければそのお金を寄付するペナルティを科したりします。

【ナッジをデザインするための手段一覧】

手段	具体的な対策
コミットメント	アメとムチの活用、金銭的（ご褒美、罰金）vs 非金銭的（宣言）
フィードバック	日々の体重計測を記録する、わざとワンサイズ小さい服を着る
プラニング	段階を経た短期的な小目標による実行計画＋段階的なアメとムチ
タイミング	目立つ場所に目標を掲げる、甘いものやタバコを取りだしにくくする
社会的選好	SNSで宣言や報告をする、ピア効果を狙って競争相手をつくる
デフォルト	習慣化、週末以外デザートを食べない（タバコを吸わない）
フレーミング	損失回避、目標が達成できないときに失うものを強調
情報提供・整理	健康のメリット、病気のデメリットを書きだす
カウンセリング	プロフェッショナル・サービスを使う、カウンセラーの互恵性を利用する

【複数の手段を併用した長期的ナッジの具体例】

・プラニング＋フィードバック＋コミットメントでのダイエット

プラニング　　　フィードバック　　　コミットメント

・社会的選好＋カウンセリング＋情報提供・整理＋タイミングでの禁煙

社会的選好　　　カウンセリング　　　情報提供・整理＋タイミング

おわりに

　最後まで読んでみて、感想はいかがでしたか。読者の方々の関心領域によって、異なった印象を持たれるのではないでしょうか。

　コラム１でも触れたように、行動経済学と類似した分野に、心理学寄りの**行動意思決定論**と、マーケティング寄りの**消費者行動学**があります。私自身はマーケティング・サイエンスの研究者であったために、行動経済学には消費者行動から入りました。マーケティング・サイエンスでは、データ、モデル、予測、最適化（企業はマーケティングでどう意思決定するべきかという規範的行動の探索）などが興味・関心の対象です。そのため私にとっては、記述的な消費者行動学よりもモデルを駆使する行動経済学の方が馴染みやすかったこともあり、「**行動意思決定論と行動経済学**」という講義を東大に設けることにしました。

　アプローチ、手法、興味・関心などは学術分野によって違う傾向はありますが、異なった分野の融合こそが新しい知識を生み出します。目的に応じて、関連分野をまたいで柔軟に対応する姿勢というものが重要でしょう。

　さらに、勘や経験に基づいて、実務家がビジネスで実践してきたことや役人が政策で施行してきたことで、まだ理論的に解明されていなかったり体系化されていなかったりする事象、これら**産官の知見を学に加える**ことが、今後の行動経済学の発展に不可欠であることを強調して、この本を締めくくりたいと思います。

　以下に、レベルによって分類した参考図書をリストアップしておきます。参考文献は必要に応じて自身で探してみましょう。

初歩的

『ファスト&スロー』（上）（下）ダニエル・カーネマン、早川書房
『予想どおりに不合理』、『不合理だからすべてがうまくいく』ダン・アリエリー、早川書房
『行動意思決定論：バイアスの罠』マックス・ベイザーマン、ドン・ムーア、白桃書房
『行動経済学』（サクッとわかるビジネス教養）、阿部誠（監修）、新星出版社

基礎的

『行動経済学：経済は「感情」で動いている』友野典男、光文社新書
『行動経済学入門』筒井義郎、佐々木俊一郎、山根承子、グレッグ・マルデワ、東洋経済新報社
『行動経済学：感情に揺れる経済心理』依田高典、中公新書
『行動経済学の使い方』大竹文雄、岩波新書
『東大教授が教えるヤバいマーケティング』阿部誠、KADOKAWA

専門的

『行動経済学』室岡健志、日本評論社
『行動経済学：伝統経済学との統合による新しい経済学を目指して 新版』大垣昌夫、田中沙織、有斐閣

2023年11月
阿部 誠

阿部 誠（あべ　まこと）
東京大学大学院経済学研究科・経済学部教授。1991年マサチューセッツ工科大学大学院博士号（Ph.D.）取得後、同年からイリノイ大学経営大学院助教授に就任。98年東京大学大学院経済学研究科助教授を経て、2004年より現職。ノーベル経済学賞受賞者との共著も含めて、マーケティング学術雑誌に英文、和文の論文を多数掲載。03年にJournal of Marketing Educationからアジア太平洋地域の大学のマーケティング研究者第1位に選ばれる。日本マーケティング・サイエンス学会の学会誌編集委員長を10年から8年間、21年からは代表理事を務める。主な著書に『マーケティング・サイエンス入門：市場対応の科学的マネジメント 新版』（有斐閣アルマ）、『マーケティングの科学—POSデータの解析—』（朝倉書店）、『大学4年間のマーケティングが10時間でざっと学べる』、『東大教授が教えるヤバいマーケティング』（小社刊）などがある。

大学4年間の行動経済学が10時間でざっと学べる

2023年12月14日　初版発行

著者／阿部 誠

発行者／山下 直久

発行／株式会社KADOKAWA
〒102-8177　東京都千代田区富士見2-13-3
電話 0570-002-301（ナビダイヤル）

印刷所／大日本印刷株式会社
製本所／大日本印刷株式会社

©Makoto Abe 2023 Printed in Japan
ISBN 978-4-04-606321-2　C0033